风情唐闸

图书在版编目(CIP)数据

风情唐闸 / 南通报业传媒集团编. —苏州:苏州大学出版社,2020.9
 ISBN 978-7-5672-3319-5

Ⅰ. ①风… Ⅱ. ①南… Ⅲ. ①乡镇-旅游指南-南通 Ⅳ. ①K928.953.5

中国版本图书馆CIP数据核字(2020)第176146号

书　　名	风情唐闸
编　　者	南通报业传媒集团
责任编辑	刘一霖
装帧设计	岳招军　顾玲玲　魏一凡

出版发行:苏州大学出版社(Soochow University Press)
社　　址:苏州市十梓街1号 邮编:215006
印　　刷:南通超力彩色印刷有限公司
邮购热线:0512-67480030
销售热线:0512-67481020

开　　本:889mm×1194mm　1 / 32　印张:6.875　插页:1　字数:219千
版　　次:2020年9月第1版
印　　次:2020年9月第1次印刷
书　　号:ISBN 978-7-5672-3319-5
定　　价:58元

若有印装错误,本社负责调换
苏州大学出版社营销部　电话:0512-67481020
苏州大学出版社网址　http://www.sudapress.com
苏州大学出版社邮箱　sdcbs@suda.edu.cn

南通报业传媒集团 编

苏州大学出版社
Soochow University Press

总顾问

杨万平

总策划

宋 捷

总监制

成媛媛　马 俊

总创意

戴洪兵

总编撰

王 健

执行编撰

张 坚

文字统筹

赵 彤

运营统筹

刘春宏　高俊明

创意设计

岳招军　顾玲玲　魏一凡

撰文

| 张 坚 | 赵 彤 | 沈 樑 | 徐培钦 | 冯启榕 |
| 李 波 | 龚 丹 | 张继华 | 卞汐玥 | |

绘画

| 三德华 | 胡志明 | 翟东平 | 卫 萍 | 曹慧蓉 |

摄影

王俊荣	陈建华	徐培钦	李 波	吴迎晨
曹海峰	刘春宏	顾 健	任佳佳	孙 荐
赵建荣	范 胜	陈德军	禾 子	袁松程
胡志坚	洪正福	殷炳源	高晓明	

（作者署名如有遗漏，请及时与编者联系）

在唐闸，值得去做的事

找一处打卡地
用您的慧眼发现唐闸，
在"高大上"的那块地儿停驻片刻

访一幢老建筑
不同于别的古镇或小镇，
百年的经典建筑是这里的标志

逛一座小院子
运河两岸，寻常巷陌，
总有一个别致的去处与您惺惺相惜

吃一次唐闸美食
江风海韵无须特别推荐，
一切听从客官您舌尖的选择

赏一次唐闸夜色
人约黄昏后，桨声灯影里，
夜唐闸是不可不游的另一种唐闸

买一本《风情唐闸》
她不仅是一册玩转唐闸的指南，
也是可以带走的满满回忆

壹 遥望名镇的背影

04　唐家闸，从一座闸到"第一镇"
08　大生1895，拉开了近代第一城大幕
12　唐闸1920，模范县里的模范镇
16　大生码头，矗立在运河畔的最美地标
20　大达轮船，乘风破浪通江海
24　老工房，唐闸人共同的精神家园
28　河西街，当年堪称"小外滩"
32　通明公司，点亮了南通百姓家
34　南通纺织学校，何以赢得西方媒体点赞
38　敬孺学校，百年绿色校园正青春
42　大生护理院：穿越百年光阴，这里夕阳独好
46　红楼，有多少旧梦可以重温
50　走过近代，她依然是独领风骚的工业重镇

贰 陪你一起看风景

- 56　汤家巷，老巷子里的新活力
- 60　唐闸印象，为你打开见证历史的窗口
- 64　唐闸公园，这个菊花保种基地真香
- 68　那一声大生钟响，让南通人听到了近代的节奏
- 72　1895文创园：阅尽沧桑看潮流
- 76　时光印记，在历史的空间里留下刻痕
- 80　广生制皂，用古法定制属于你的香皂
- 84　姓氏文化馆，等你来到这里寻找答案
- 88　司园博苑，大宅门里故事多
- 92　唐闸粮业公所，繁华米市的定盘星
- 96　大储堆栈，这里曾经堆砌着财富
- 100　离唐闸不远，这些风景可以去看看

风物长宜放眼量

107 柞榛，这种木料"最南通"
111 千年的金丝楠木会唱歌
114 清弦小筑，聆听梅庵古琴的雅韵
118 陆家锣鼓，民间打击乐激荡了二百年
120 板鹞，千年之后风继续吹
124 一壶花露烧，醉美唐家闸
128 八碗八，一桌江海菜，喜迎八方客
132 猪头肉，一道绝佳的下酒硬菜
136 "草鞋底"，踏破铁鞋难觅的好茶食
138 最忆是舌尖上的唐闸老味道

 最是风流闸上人

142 张謇，"闸上人"的领路者
146 闵氏家族，一门几代都是唐闸名片
150 顾臣贤，热血凝结一段红色记忆
154 野田志奈，她是"南通辛德勒"
158 邓怀农，平生知己是黄花
162 李云良，读书改变一生命运
166 郭锁珍，从纺纱娘到发明家
170 郑毓芝，飞行员之女终成"最牛老太太"
175 保剑锋，十里坊的帅哥为最美唐闸代言

玩转古镇有攻略

180 镇上的一天,从一只大肉包开始
182 唐闸牛肉,舌尖经典这样炼成
184 唐闸鸡煲,有关乡愁的一道美食
186 五星酒吧,One night in TangZha
190 景澜酒店,枕着古运河入梦
194 伶韵剧装社,展现戏服的硬核魅力
198 紫艺金砂陶艺坊,体验手作慢生活
202 尚书院,最美书店里展现阅读之魅
207 西洋桥大排档,烟火气里的夜唐闸

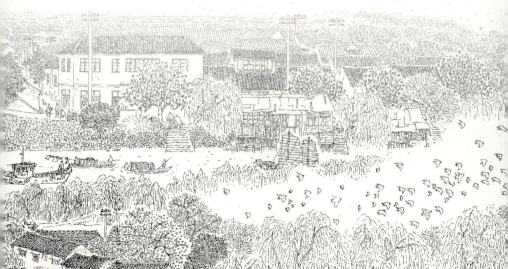

唐家闸,从一座闸到"第一镇"

有人曾经看到过一幅20世纪20年代初国外出版的世界地图,那上面赫然标注着"唐家闸",与之同框的还有曼彻斯特、底特律等那个时期世界上最重要的几个工业城市。一个弹丸小镇却能够进入世界的视野,这不仅在当时的中国,甚至在世界范围内都是罕见的。

那么,这里究竟发生过什么呢?

唐闸俗称唐家闸,位于今天南通城西北6公里处。在一段漫长的岁月里,它只是通扬运河边上一个籍籍无名的乡间野渡。明成化二十年(1484),这里建起了一座石闸,因附近有一户人家姓唐而得名。如果不是1895年张謇选中这块地方作为他实业救国梦想的起点,唐闸也许就不会这样从容地走进历史。

甲午战争的惨败让晚清时期的中国知识分子陷入了深深的思考。在经过一番痛苦的挣扎之后,有三位中国人分别选择了一条不同的救国之路:广东人康有为选择了维新变法,他的同乡孙中山选择了武装革命,而南通人张謇选择了投身实业。

那时候,作为世界棉花的重要产地,中国每年都有大量优质棉花源源不断地流向海外,再被加工成"洋纱"返销国内。仅此一项,我国每年损失的白银就高达2亿两。张謇认为,棉纺工业是维系国计民生的基础工业,倘若任由事态这样发展下去,其结果必然是"利之不保,我民日贫"。于是,1895年10月,这位清末状元毅然弃官从商,开始筹办大生纱厂。

大生纱厂厂址在唐闸河西,当时地名叫"陶朱坝"。那时的陶朱坝还是一片苇蒿点点、杂草丛生的乱坟岗,因此,地价很低。张謇在陶朱坝一带首期购进近70亩(1亩≈666.67平方米)土地只花了1250两白银,折合今天人民币大约25万元。

20世纪初的唐闸老镇全貌

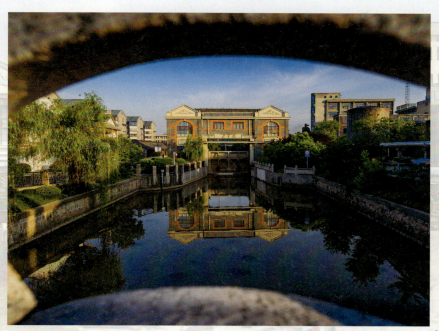

修葺一新的唐家闸水闸

张謇之所以将人生中的第一家企业选在唐闸，是因为南通素以棉产著称，而种植于唐闸一带的黑籽大陆棉质量尤佳，这可以为日后的生产提供优质的原料。很久以来，唐闸周边农村的许多家庭都以纺纱织布为副业，而有着娴熟手艺的农民无疑又是纺织厂理想的产业后备军。更为重要的是，虽然唐闸当时还很荒凉，但是，贯穿唐闸的通扬运河可直通长江，这为企业的运输提供了便利。

1899年5月，在历尽磨难之后，大生纱厂终于正式开工，不久便取得了丰厚的盈利。大生纱厂获得成功以后，张謇以唐闸为中心，又依靠股份制向社会广泛集资，相继创办了40多家企业。这些企业形成了一个跨地区、跨部门、跨行业的经济联合体，成为清末民初中国最早，也是最大的民营资本集团。

经过20年的努力，昔日的蛮荒之地唐闸成了一座繁华的工业重镇。因为有了这样的辉煌，唐闸走进世界的视野成为必然。可以这样说，唐闸是张謇投身就实业生涯的一个意义深远的历史性抉择，更是近代中国由农耕社会向工业社会转变过程中的一个范例和标本。

经过了一个多世纪的风雨历程，如今，传承百年历史的唐闸不仅完好地保留了以大生纱厂为核心形成和发展起来的众多工业建筑、配套设施等一系列工业遗存，同时，还保留了与近代工业密切相关的生活场所、文化景观、交通水利设施、教育慈善机构、近代商贸街区等一整套近代工业文明历史遗存。

就全国而言，唐闸也是我国近代工业历史遗存中的翘楚，整体规模保存完整集中，工业门类保留丰富充实，原址原状保护真实完善。因此，两院院士、著名建筑和城市规划学家、清华大学教授吴良镛不吝赞誉之词，称它为"中国近代工业遗存第一镇"。

新修复的唐家闸牌坊，上面刻有张謇先生手书的联语——"于时离别赠之以芍药，游我郊薮吁嗟乎驺虞"。此联语表达了对来访宾客的惜别之情和推介本地良好风尚之意，放在当下语境中依然贴切。

唐闸民族工业风情小镇新貌

大生纺织车间旧景

大生1895，拉开了近代第一城大幕

南通堪称"中国近代第一城"。这不是南通人的自夸，而是两院院士、著名建筑和城市规划学家、清华大学教授吴良镛先生提出的论断。

很多人曾对此表示不解。华夏名城可谓多矣，近代开风气之先的也不在此地，那么南通的这个"第一城"究竟何解？吴良镛先生通过对南通的实地探访和资料研究告诉大家，南通是中国第一座完全依靠中国人自己的力量，按照近现代理念全面规划建设的城市，从这个意义上说，"近代第一城"是没毛病的。

这些年，随着研究的深入，不仅当初的质疑之声早已平息，而且学术界进一步认为，"中国近代第一城"的内涵并不单单局限于城市规划和城市建设范畴，它还

张謇日记。他在得知《马关条约》签订后,愤然写下"几罄中国之膏血,国体之得失无论矣"!

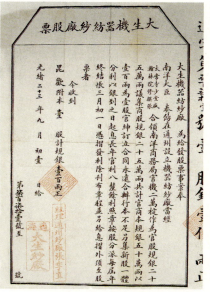
大生机器纺纱厂发行的股票

涉及经济建设、文化建设、教育建设和民生建设的方方面面。这奠定了南通在中国近代历史上的独特地位。

大幕的拉开始于1895年。标志性的事件是张謇在唐闸兴办大生纱厂。

1894年,张謇高中状元,这一年他41岁。从16岁考取秀才起,在科举这条路上,他已经跌跌撞撞地走过了25个年头,个中的酸辣苦咸只有他自己最清楚。不幸的是,就在喜讯传到家乡不久,父亲便撒手人寰。于是,张謇从天津乘海轮南下奔丧。按当时的规矩,他必须在家守孝三年,即"丁忧"。

那一年,中国刚刚在甲午战争中惨败给日本——这对于朝野上下的震动是巨大的。在鸦片战争之后,中国的有识之士认为,中国败在工业落后,因此,此后三四十年间洋务运动蓬勃兴起,以至于后来大清北洋水师的硬件实力位居亚洲第一,但是,这并没有改变中国在中日战争中全军覆没的命运。如此结局让当时的中国人十分迷茫——究竟该如何是好呢?

然而,张謇依然倔强地认为,"富民强国之本实在于工"——这在他于丁忧期间所写的《代鄂督条陈立国自强疏》中表现得十分强烈。既然张謇有这样的志向,张之洞就建议他在家乡办厂。"状元办厂"在当时是个新鲜事。在整个清代,除了张謇外,只有苏州状元陆润庠办过苏纶纱厂和苏经丝厂。

一开始,张謇内心其实还是有些犹豫的,因为对他来说,办厂毕竟是个完全陌生的领域。他是农民的儿子,虽有过在淮军名将吴长庆手下充当幕僚的十年生涯,却终究只是一个没有从商经验的书生。不过,思前想后,他最终还是答应了张之洞。张謇说服自己的一个理由就是,别以为书生只会空谈,书生同样能做一番大事业。于是,他以"舍身饲虎"的勇气,辞去了翰林院编修的职务而专事实业。

大生纱厂是张謇创办的第一个企业,厂名源自《易经》中的"天地之大德曰生"。从1895年10月筹办到1899年5月投产,这个过程可谓一步一个坎儿。最初,张謇和上海及本地的6个董事商定,办一个两万锭规模的纱厂,设定股本为 60 万两银子,并向社会募集,结果应者寥寥。1896 年 12 月 6 日,江宁商务局与大生纱厂签订《官商合办条约》,将南洋纺织局的 4 万多锭纱锭加全套锅炉、引擎,折价官股 50 万两银子投资大生。这只是一批积压已久的机器,大生还要另外筹集 50 万两民间资本建厂房、收原料和用于营运。

1897 年,大生向社会招股,可是进展还是不顺利。当时,大生的原始股是 100 两银子一股。有人捧了 50 两银子来问:"半股好买吗?""可以。"还有人凑了 37 两银子来买,也如愿以偿,而这是大生最小的一笔股金。

在此过程中,盛宣怀曾经承诺帮助筹集资金,但最终连一文钱也没有到位。张謇写了无数封告急信,几乎字字饱含血泪,但最终都石沉大海。为此,张謇一直不肯原谅盛宣怀的言而无信。

所幸的是,大生纱厂最终取得了巨大成功,开工不久便赢利颇丰。

张謇自号"啬翁",就是吝啬的老人。确实,他赚到的钱没有用于个人享乐,而是用来扩大再生产。以大生纱厂为起点,张謇一生创办了 40 多家企业。这些企业遍布南通各地,影响波及海内外。张謇信奉的是"父教育,母实业"的信条,因此,他一生还创办了 370 多所学校,从大学、中学、小学到幼儿园,从普通学校到职业学校,从健全人的学校到盲哑学校。张謇还热心于公益事业,他兴水利、修公路、架桥梁,他创办育婴堂、养老院,他建医院、博物馆、图书馆。由此,一个偏居江北的小城被建成了极具近现代风貌的城市。近一个世纪后,这座城市赢得了"中国近代第一城"的美名。这一切都是从张謇创办大生纱厂开始的。

中华人民共和国成立后,大生纱厂更名为国营南通第一棉纺织厂。作为江苏省重点骨干企业,它为地方和国家创造了巨大的财富。如今,它又有了一个新的名字"江苏大生集团"。作为一家国有控股的纺织企业,历经 120 多年的风雨沧桑,它已成为国内连续生产时间最长的企业。

今天,大生集团内张謇建造的厂房还在,洋式的公事厅、专家楼还在,那高耸的钟楼也还在。走近它们,就犹如打开了一段尘封的历史。一页页,一篇篇,它们记载着先贤披荆斩棘的勇气、客来货往的繁荣和功成名就的荣耀,也记载着壮志难酬的那份孤独。

唐闸古镇主要工业遗存

唐闸1920，模范县里的模范镇

　　在张謇的足迹踏上唐闸之前，这里还是一座偏僻而萧疏的自然村落，通扬运河边那些农家茅屋已在岁月的风雨中伫立了数百年。

　　然而，仅仅用了十多年时间，张謇所开创的工业文明便迅速驱逐了唐闸昔日的荒凉与贫困，取而代之的是一座令世人瞩目的工业重镇的崛起。此举扭转了这方乡土上几代人的命运，在当时为全国树立了楷模。

　　工业化是现代化的发动机。没有工业化，现代化就失去了动力。实业是南通早期现代化的支撑，大生纱厂的创办则是南通工业化的起点。

在张謇看来,创办大生纱厂,发展纺织工业,既必要又可行。就必要性而言,创办大生纱厂的主要目的在于"救贫""塞漏",抵抗列强的经济侵略。就可行性而言,发展纺织工业,南通具有得天独厚的优势。

1899年5月,大生纱厂终于建成投产,第二年即赢利12万两白银,第三年盈利则高达15万两白银。伴随着大生纱厂的发展,张謇的投资规模与范围逐步扩大。短短数年间,大生纱厂周围陆续又兴办了包括磨面、榨油、制皂、冶铁、蚕桑染织等在内的一系列附属实业群体,形成了一个以大生纱厂为核心的庞大企业系统——这是当时中国最大的民营企业集团。

据史料记载,当时,仅大生纺织企业的办事职员就有558人,工人总数达14400人。工业的发展带来了非农人口的聚集,人口的增多又拉动了交通运输业、服务业的发展。张謇顺势而为,辟道路、兴河运、购地引商、建屋启市、开埠通商,唐闸也因此形成了"五桥""五街""百店"的兴盛局面。工业的兴起和商贸的繁荣使唐家闸渐入佳境,一时赢得了"小上海""小汉阳"的美名。

唐闸既是近代南通工业的发祥地,又是中国近代职业教育的策源地。

在这里,张謇开设了蚕桑讲习所、镀镍传习所、艺徒预教学校、保姆传习所、纺织染传习所、高级纺织职业班等。张謇在唐闸办教育不求"奇花异草",但求"布帛菽粟",认为教育要和国计民生、社会需求结合起来。与此同时,张謇也兴办小学、中学,这让唐闸在中华人民共和国成立前就已经形成了包括基础教育、职业教育、成人教育在内的完整的教育体系——这样的规模和格局在当时的中国无疑是首屈一指的。

有一个问题一直困扰着后来的研究者:张謇如此宏大、关乎其事业和南通前途的开拓进程为什么不是从城市开始,而是从乡村起步的?

破解这一历史的谜团,应从研究张謇的日本之行开始。

1903年,张謇应邀赴日本参加大阪博览会。此后,他在日本逗留了70天,对日本社会进行了全方位考察。不过,在考察途中,他"不询都城,而是市町村者",即把注意力集中在当时日本国内那些刚刚脱离乡村自然经济形态,依靠近代工业发展起来的初具城市规模的新兴工业城镇上。

张謇的考察路径表明,在此之前,他已经有了这样的理念:世界上大城市的发展经验对于尚处在农业社会的落后中国并不具有借鉴意义,而早期乡村工业化的发展模式才符合中国国情。在归途日记中他这样总结道:"图存救亡,舍教育无由,而非广兴实业,何所取资以为挹注?"回国后,张謇果断决策,投身"广兴实业"的社会实践中,在大生纱厂所在的唐闸抓紧实施他所信奉的"村落主义"建设。

唐闸雪景

　　胡适先生曾经这样评价张謇："他独立开辟了无数新路,做了三十年的开路先锋,养活了几百万人,造福了一方,而影响及于全国。"这样的评价是中肯的。张謇就是凭着一己之力,为我国近代民族工业和教育事业做出了重要贡献。当年,在接见民主党派人士时,毛泽东曾经说过这样一番话:谈到中国民族工业不应该忘记四个人,其中,轻纺工业不应该忘记南通的张謇……

　　20世纪20年代初,南通被称为中国的"模范县",这意味着南通的发展经验当时可在全国"复制"。张謇将南通建成了一个模范城市,而这一切是从唐闸起步的。在那个积贫积弱的时代,张謇以大无畏的精神为救国图强开出了一条求生之路,而这一切也是从唐闸起步的。由此,唐闸可以称作"模范县"里的"模范镇"了。

大生码头，矗立在运河畔的最美地标

追梦路上

从成立之初由张謇披荆斩棘开辟出一条发展之路,到后来在新中国纺织史上写就辉煌篇章,再到今天以国际高端产品占据同行业新高地,大生纱厂横跨了三个世纪,历经了两个甲子。它的发展是一代又一代人倾注无数心血和汗水得来的。

作为中国最早的棉纺织企业之一,大生纱厂从未中断过生产,这在中国工业发展史上绝无仅有,就是在世界范围内也十分罕见——它堪称中国民族工业的"活标本"。

通扬运河边的大生码头见证了这一切。事实上,在这段继往开来、薪尽火传的完整历史中,它也是其中不可或缺的一部分。

大生码头究竟建于哪一年,史料中没有明确的记载,但是,根据其功能推测,修建时间应不晚于大生纱厂基建开始之时。那时候,所有建造厂房的材料、车间里的机器设备,以及生产所需的棉花,几乎都要通过水路运进来,而大生码头所处的位置就是厂门的正对面,这无疑是一条最便捷的运输通道。而且可以肯定的是,大生码头最初的模样跟现在我们从老照片上所看到的不一样。它一定是随着大生纱厂的发展而不断扩大、不断完善的。

曾几何时,通扬运河上帆影如织、桅樯林立。在大生码头外,一条条满载原棉的拖驳在此抛锚停泊、等待卸货,一批批装着纱布成品的货船由此争先恐后地解缆离岸,汽笛声、纤夫与搬运工的号子声昼夜不绝、此起彼伏。"大生码头千舟泊,通明复兴百机隆"描述的就是当年热闹非凡的景象。

据说,那时候,张謇只要稍有闲暇,就会到码头上来转转。那穿梭不息的船只和忙忙碌碌的身影会让他感到心安。

随着张謇的到来和大生纱厂的崛起,曾经偏居南通城西北角的唐闸一下子兴旺起来了。

一时间,通扬运河两岸冒出来许多工厂、仓库、粮行、商铺,它们大多也建起了各自的码头。也许是为了提高辨识度,1907年,张謇在大生码头前建起了一座高大的牌坊,这让前来装卸货物的船主人远远就能找到自己的目的地。

这座牌坊为三间四柱形式。柱子底部前后两侧以石鼓做装饰。顶棚为中国传统的飞檐结构。面朝运河一边的匾额上是张謇手书的"大生马(码)头"四个字。作为一位状元,张謇的书法功底十分深厚。这四个颜体楷书行笔从容稳健,骨干平正,收放有度,厚实古雅。

牌坊中门左右立柱上镌刻的是大生纱厂初创时翁同龢书赠的对联:"枢机之发动乎天地,衣被所及遍我东南。"这副对联寄托了他对自己门生的祝福与希冀。大生纱厂的隆隆织机声响起,对于唐闸,对于南通,乃至对于中国的确是一桩惊天动地的大事,不过,后来随着事业的发展,走向全国、走向世界的张謇又岂止是"衣被所及遍我东南"?

大生码头的老牌坊毁于"文革"时期,2003年得以复建。也许是因为相关图片资料不足,复建时面朝马路这边的匾额刻的也是"大生马(码)头"四个字。其实,这四个字应该是"利用厚生",它体现了张謇兴办实业的初衷,就是将工厂的利润用于民生的改善。这四个字正对着大生纱厂的厂门,进进出出都能看得到。张謇或许是要以此提醒自己和他的同人们,每天为谁奔忙,为什么奔忙。

大生运河图(局部)

大生码头夜景

2019年6月,在江苏省有关部门主办的"寻找大运河江苏记忆"活动成果发布会上,大生码头被评为40个江苏最美运河地标之一。这是对一个时代的总结,同时,也是为走在新征程上的唐闸镇吹响的号角。

时光如水,岁月如歌。随着现代交通业的发展,大生码头往日的光辉早已暗淡,它的建造者也离去近一个世纪。但是,它无疑是一座丰碑,见证了这里曾经的光辉岁月。

1926年秋,张謇长眠在城市的南郊,下葬时仅有一根拐杖、一顶礼帽、一副眼镜、一颗乳牙、一束胎发陪伴。为了事业,他可谓散尽家财。然而,张謇将他终其一生所追寻的光荣与梦想留在了大生的史册里,将他百折不挠、砥砺奋进、自强不息、锐意进取的精神融入了后来者的血液。秉承这样的精神,几代大生儿女担当起历史的使命和社会的责任,终于铸就了百年大生今日的辉煌。

大达轮船,乘风破浪通江海

　　1900年,大生纱厂已经建成投产,其他相关企业也正在兴办之中。那时候,张謇日后庞大的运输体系尚未建立起来,因此,货物运输主要靠雇用民船来完成。但是,民船效率低下,在运输过程中还常常发生跑冒滴漏。

　　这年正月,张謇结识了在上海开办永安轮船公司的浙江定海人朱葆三,于是,商议租用朱葆三的船只搞运输。朱葆三见此事有利可图,便提出要合股经营。张謇采纳了他的建议,并让朱葆三负责管理。从此,一艘名为"大生"的机器小火轮开始在南通与海门、常熟、上海等地之间航行。这是张謇投身航运业的开始。

　　然而,两年之后,南通的股东既没有一文钱的分红,也没有见到任何账目。这样的僵局让张謇不得不做出改变。1903年5月,张謇与如皋人沙元炳在唐闸创办了大达内河轮船公司,由张謇任总理,顾莼溪任首任经理,但顾莼溪数月后就病故了。随后,沙元炳接任,他由此成为公司实际上的首任经理。

　　沙元炳也是一位了不起的人物,他与张謇是同科进士,也曾担任翰林院编修。戊戌变法后沙元炳亦无意于官场,遂辞官归里,从此致力教育和实业。1902年,在张之洞的支持下,沙元炳创办了如皋师范学堂——这是我国最早的公立师范学堂。他追随张謇创办实业,同时还在家乡办电厂、医院,并使如皋火腿蜚声海内外。他和张謇不仅是同道好友,还是亲密战友。他们南北呼应,并驾齐驱,为南通的近代化进程发展做出了重要贡献。

大达内河轮船公司（手绘图）

大达内河轮船公司旧影

如今,大达内河轮船公司旧址还屹立在唐闸镇北市街上。当年,这座面朝通扬运河的两层西洋式建筑的底楼是候船室和办公室,二楼是一家名为"淮海客舍"的旅馆客房。

在浩如烟海的史料中,有一张照片值得关注。这张照片拍摄于大达内河轮船公司的大门前。从站在西式栏杆后四位年轻人的装束看,当时应该还是清王朝统治时期,其中三人可能是公司的职员,也可能是在此候船的乘客,还有一位上身赤裸的可能是在船上打工的人员。大楼一侧有一面坡顶的公示栏。公示栏内张贴的应该是船期公告之类的文书。从公告张贴数量推测,大达内河轮船公司的业务当时已经相当繁忙了。

的确,大达内河轮船公司在创办第二年便拥有了 6 艘运输船,航线可通达如皋、泰州、扬州和本地东部的金沙、余东、余西、吕四等地。1920 年前后,大达内河轮船公司有小火轮 20 艘、拖轮 15 艘,开辟的航线多达 10 条,遍及镇江、扬州、泰州、盐城、高邮、宝应等主要城镇,沿途停靠 56 个码头,形成了以南通为中心的航运网络。这一体系的建立,不仅方便了南通人的出行,而且使张謇的企业在对外竞争中处于十分有利的地位。

在大达内河轮船公司的发展过程中,有一个人不能不提,这个人就是江石溪。

大达内河轮船公司拥有的是机器快船,在市场竞争中自然优于受盐官、盐商控制的木船,于是,盐官、盐商便以种种理由对该公司的业务加以阻挠。为了确保公司业务的顺利开展,1918 年,大达内河轮船公司第三任经理、扬州人蒋古堂向张謇力荐他的同乡江石溪主持公司扬州方面的工作。江石溪早年从医,因医术精湛而闻名于乡里。他接手后,凭借自己的威望,通过积极协调和运作,终于使公司运营恢复了正常。

　　江石溪有个儿子叫江上青,1927 年 7 月到南通来看望在唐闸镇通明电气公司任职的大哥。大哥住在南通中学旁边的柳家巷 15 号。巧的是当时学校正在招生,结果江上青一考便中。在学校期间,他受好友刘瑞龙和同学顾民元等人进步思想的影响,加入共产主义青年团,从此走上了革命道路。

　　2019 年,大达内河轮船公司旧址被列为江苏省文物保护单位。

　　先贤已随清风去,昔日楼前南来北往的身影也早已消失在岁月的尘埃里。但是,历史不会忘记,作为近代苏北地区航运界的巨子,运河畔这座建筑里的那家企业,曾经为中国的民族航运业做出过怎样的贡献。

大达轮船码头

老工房，
唐闸人共同的
精神家园

继大生纱厂之后，张謇在唐闸又创办了阜生蚕桑染织公司、广生油厂、大兴面粉厂、大隆皂厂、大昌纸厂、颐生罐诘公司等一系列企业。如此大规模建厂，使得产业工人的队伍一下子变得十分庞大，这当中不但有本地人，还有许多外地人。为了解决这些人特别是外地工人的居住问题，一个新的名词出现在了唐闸人的生活中，那就是"工房"。

1897年，大生纱厂的基建进行得如火如荼。工地附近盖起了简陋的芦棚茅屋。一大帮赤膊短褐、脚踩草鞋的外来工匠是这里最初的居民。后来，随着工厂的落成和工匠们的离去，工棚转而成了纱厂工人的住宅——这是唐闸工房的雏形。

企业的发展离不开人才。大生纱厂创办伊始，张謇便从宁波、无锡等地招来了大批技术骨干和管理人员。背井离乡的他们同样面临着安居的问题。为此，1906年，张謇在唐闸西市街北侧建起了标准较高的工房。工房采用中式砖木结构，计有两层楼房4排、单层平房2排，且每排均为12开间。

唐闸老工房经过修整,重焕当年风采。

由于这是唐闸镇历史最悠久的工房遗存，人们习惯将它叫作"老工房"。老工房的建成如同筑巢引凤，稳定了外来人才队伍，保证了纱厂的正常生产、经营和管理。

当年的老工房整洁有序，不容许私搭乱建，除了户户门前的储水缸坛、屋后的树木盆栽略有差异外，其他设施别无二致。房屋与房屋之间的过道称为"弄"。弄头弄尾都有路灯照明，房前屋后都有排水阴沟，因此夜间行走无须摸黑，雨天路面不会积水。再有就是公厕革命，农耕时代的茅房终于完成进化，并有了男左女右之别。

由于工房是租赁给职工居住的，因此，凡屋漏墙倾、门窗损坏，一律由大生纱厂派人修缮。厂里对工房的维修管理有很严格的规范。逢到夏季，排排住房都要扫瓦捉漏；每隔一段时间，家家门窗都要油漆见新。

徜徉在老工房的弄堂里，让我们的思绪回到一个多世纪前的某个清晨吧！那时候，最早响彻唐闸镇上空的是大生纱厂的汽笛声。头一声汽笛响催促人们起床。随着这汽笛声，各家各户门前便都响起了一片劈柴、生火、刷马桶的市井之声——一天的日子就此拉开序幕。第二声汽笛响是提醒人们该进厂了。穿过西市街，走过放工桥，便是工厂的北大门。每逢这个时候，桥上总是人潮涌动，工友之间相互寒暄的场面成为那个时代的风景。

从1918年开始，张謇就在唐闸镇大规模兴建工房，这就是后来的西工房、东工房、南工房和高岸街工房。事件源于一场灾难。在1917年一个寒冷干燥的冬夜，发生于厂北工棚的大火使很多人赤贫。这让张謇进一步认识到，改善工人的生活环境、提高工人的生活待遇是企业发展的根本。

当时，张謇取《易经》中"元、亨、利、贞"四字为这些工房冠名，其寓意是希望企业大展鹏程、万事亨通，而职工能够通过自己的努力安享其利。

大生纱厂托儿所也应运而生，从此解决了女工们的后顾之忧——这是南通企业办托儿所之肇始。

当时，唐闸还有一类工房也值得关注，那就是"里"，如大生里、阜生里、联益里、纺织里。被称为"里"的工房都是档次较高的，一般都有前庭、后院和围墙，其整

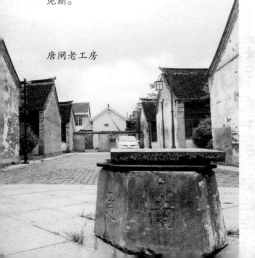

唐闸老工房

体建筑风格类似上海的石库门，只是没有楼房和外表华丽的西洋式石券门楣。最初入住这里的居民大多为企业的职员、学校的教师和地方行政机构人员。

据记载，在鼎盛时期，唐闸的工房达到200多排，居住人口超过2万人——这在中国近代工业城市中是绝无仅有的。

掐指算来，唐闸镇上工房里第一批居民的后人已传到第四、第五代。当年他们祖辈"你侬""我格"的乡音早已消融在唐闸的南通土话里。几代人的朝夕相处，造就了醇厚的邻里情怀。如今，老工房的最后一批居民为改善居住条件已迁往了新的小区。这些当年唐闸创业者的后裔，只要说起"老工房"三个字，就立马找到了共同的精神家园。所幸的是，那些古旧的屋子大都还在，曾经住在老工房里的创业者们留下的自强不息的精神也还在。古镇运营团队通过修缮，为唐闸工业文明留下了宝贵的一片天地。

如今，唐闸的工业遗存已经得到了切实的保护。与别处不同的是，除了工业厂房外，唐闸还留下了当年的码头、学校、剧院、公园，从而形成了一个"小社会"，而这当中，那些老旧的工房无疑是最为独特的景致。唐闸近代工房建造时间之早、规模之大、数量之多，在国内绝无仅有。

当初，唐闸之所以被两院院士、著名建筑城市规划学家、清华大学教授吴良镛评为"中国近代工业遗存第一镇"，别具特色的工房是一个重要因素。

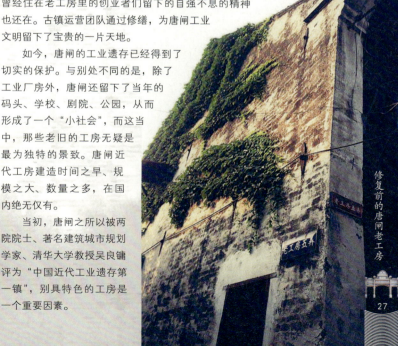

修复前的唐闸老工房

河西街，当年堪称"小外滩"

1899年,大生纱厂投产不久后便开始赢利,这让张謇有精力与财力为唐闸这个曾经荒芜而萧疏的村落的城市化做些事情了。

这年年底,张謇从纱厂的利润中抽取资金,将唐闸河西的土路改造成了碎石路,并在这条路的西侧建起了一排两层且带有回廊的欧式楼房,楼下是店铺,楼上是店主人的住处。于是,唐闸最热闹的商贸街——河西街就形成了。这条街以镇中心的杨家湾为界,南北分为南市街与北市街。

街道、楼房既成,商户们便纷至沓来。据老人回忆,当时的南市街上的老商号依次数来有光明照相馆、恒大美绸布店、四逢春菜馆、高致和五洋店、方同大茶叶店、义盛祥瓷号、魏庆余堂中药店、杨家钟表店、徐贤家银楼、文友书社、肖家制帽店、泰和公花行、聚乐园菜馆等。众商号抢滩南市街,使这条街成为唐闸镇上最先繁华起来的商业街。

当年唐闸水上贸易兴旺,复新面粉厂、大生纱厂的码头前来自启东、如东、大丰、海安等地运送棉花、粮食的船只排满了沿街河面,船桅连绵数华里(1华里=500米)。1913年,大生纱厂成立的南通实业警卫团引进了南通史上第一辆汽车。那时候,这辆黑色的福特牌轿车每天行驶在唐闸与南通城、天生港之间的马路上,成为人们争相观看的风景。1917年,大生纱厂钟楼南边设立了南通第一家客运汽车行。之后有三辆公交车运行于城闸之间。唐闸的公共交通事业一下子发展到了很高的水平。

南市街南端始于后来的大洋桥,随着工商业的进一步繁荣,逐渐南移扩展到三牌楼一带。南市街南端有大通源木行的沿河排库,长达1公里。唐闸米业三巨头之一的恒益公机米油坊也占据了大洋桥南堍大片土地。沿河码头上人来货往,常常造成街面拥堵。1920年前后,中国银行等两大金融机构在南市街设立了分行,因而,唐闸各商家、工厂的资金就地可以汇通天下。

北市街是河西街的北半段,从杨家湾向北到北川桥。与南市街一样,北市街上德国风格的双层联排式商铺整齐划一,沿街店肆也是五花八门:酒楼、糖果店、书社、花行、机米坊、锡匠铺、典当行、诊所、客栈,以及鞋帽杂、茶叶、水果、裁缝、轧面、理发等铺子一应俱全。颇有名气的复新春饭店、一品香菜馆、三新池浴室(唐闸最早、最大的公共浴室)就在这条街上。复新春和一品香这两家驰名餐馆烹调技艺高、服务好。谁家来客点菜,热炒汤菜走街串巷送到主家桌上时,菜还是热的,汤还是烫的。

当然,更具气派的要数张謇大生系统设在这条街上的广生榨油股份有限公司东码头、大达公电机碾米公司、大达内河轮船公司。临街耸立的清水红砖带浮雕装饰的西洋式办公楼群,给北市街平添了几分都市派头。当年大达公电机碾米公司的临街店柜上竖有"积仓糇粮"金字招牌,在同行业中占尽了风光。

南通驶往如皋、海安、泰州、扬州的长途客车都要停靠在北市街上的通扬长途车站,大达内河轮船公司开往苏北的客运班轮也从门前码头上下客。北川桥一带由此成为南北水陆交通的枢纽,过往客流如潮,有江北"十六铺码头"之气象。因此,北市街上的旅馆客栈业也尤为发达。新新旅馆和淮海客舍是设施、环境最好的两家,凡

如今的唐闸河西街依然保持着百年前的风貌

来唐闸的客商、旅人多下榻于此。

唐闸的繁华曾经让它一度享有"小上海"的美誉,那么,河西街无疑就是这"小上海"的"小外滩"了。值得庆幸的是,虽然历经百年风雨,但是河西街的旧时风貌依稀尚存。沿河保存完好的那些欧式楼群已成为南通近代商贸街的绝版珍藏。

与河西街呈"丁"字形向西延伸的还有四条主要街道,即西市街、兴隆街、复新街和高岸街。这些街道路面宽敞,彼此连通,虽不是很长,但当年也都曾有过自己煊赫一时的繁荣。难怪长期生活在上海的鲁迅先生的老朋友内山完造两次到南通,每次都要来唐闸参观考察,并愉快地称他的行程是"天堂之旅"。

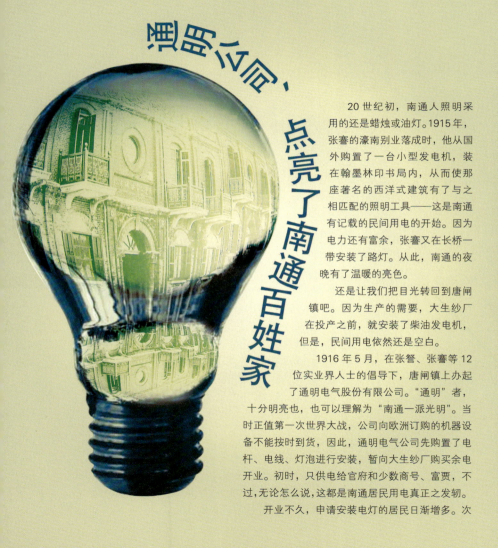

通明公司,点亮了南通百姓家

20世纪初,南通人照明采用的还是蜡烛或油灯。1915年,张謇的濠南别业落成时,他从国外购置了一台小型发电机,装在翰墨林印书局内,从而使那座著名的西洋式建筑有了与之相匹配的照明工具——这是南通有记载的民间用电的开始。因为电力还有富余,张謇又在长桥一带安装了路灯。从此,南通的夜晚有了温暖的亮色。

还是让我们把目光转回到唐闸镇吧。因为生产的需要,大生纱厂在投产之前,就安装了柴油发电机,但是,民间用电依然还是空白。

1916年5月,在张詧、张謇等12位实业界人士的倡导下,唐闸镇上办起了通明电气股份有限公司。"通明"者,十分明亮也,也可以理解为"南通一派光明"。当时正值第一次世界大战,公司向欧洲订购的机器设备不能按时到货,因此,通明电气公司先购置了电杆、电线、灯泡进行安装,暂向大生纱厂购买余电开业。初时,只供电给官府和少数商号、富贾,不过,无论怎么说,这都是南通居民用电真正之发轫。

开业不久,申请安装电灯的居民日渐增多。次年5月，通明电气公司增资扩股，电灯发展到3000盏。1918年年初，第一次世界大战接近尾声，通明电气公司从国外购置的机器设备陆续到位，公司即向唐闸资生铁冶厂租地兴建厂房，安装了3部75马力柴油机、50千瓦发电机组。第二年，又添置了新机组，使供电电压升至4000伏，并在城区跃龙桥附近设立驻城办事处。通明电气公司的触角由此延伸到了城区。

1922年10月，通明电气公司股东会议议决，增加股银9万两，续置200马力柴油机、100千瓦发电机组1部。1926年年初，用电中心逐渐从唐闸镇向城区转移。通明电气公司在城区西门外大有坝（今西被闸）新建厂房，把原来的2部50千瓦、1部100千瓦柴油发电机组移至新厂。同时，新厂又增装240马力柴油机、160千瓦发电机组1部，仅留2部50千瓦柴油发电机组于唐闸老厂。

至此，城区、唐闸两地同时发电，年总发电量达73万千瓦时。两地以4000伏输电线路沟通，开始形成以城区为重点的供电布局，用户灯头发展到20000盏。

1934年冬，大生电厂（今天生港电厂）5000千瓦汽轮发电机组建成发电，以22千伏电压向城区、唐闸地区供电。通明电气公司即停止发电，改向大生电厂购电转售。原有的机器设备被陆续出售给靖江电气公司、上海机器厂和无锡机器厂，所得资金用于调换电杆，架设城区、唐闸两地的配电线路，平潮、芦泾港、天生港等各镇的线路亦逐步架通。

现在一提到通明电气公司，许多南通人首先想到的是位于文化宫东边濠河之滨的遗址。其实，直到1936年夏，通明电气公司才在城区濠阳路购进了30多间房屋作为总办事处。从那时起，供电时间由原来的上半夜改为全天。

在抗日战争期间，在日本人的占领下，通明电气公司的业务时起时落。抗日战争胜利后，社会经济萧条，货币贬值，电厂燃煤紧缺，供电量较抗日战争前大幅下降。而且，用电者多是军政人员及其亲属，窃电与不缴电费者甚多，致使公司财力不济，电气设备年久失修，电杆朽坏，线路老化严重，供电得不到保障。此时，通明电气公司亏损甚巨，只能艰难维持。

中华人民共和国成立后，在政府领导下，通明电气公司进行内部整顿，订立规章制度，严厉查处窃电行为，改善供电条件，使供电业务有所发展。1953年10月4日，通明电气公司与天生港电厂合并为天生港电厂营业供电办事处。至此，诞生于唐闸、点亮了南通百姓家第一盏电灯的通明电气公司完成了它的历史使命。

南通纺织专门学校学生在实习工场实践

南通纺织学校，
何以赢得西方媒体点赞

在张謇创办大生纱厂时，中国还没有现代纺织专业人才，因此，厂里一切有关机械设备和生产技术方面的大小事务完全依赖他聘请的英国工程师汤姆斯和机匠忒纳。

和后来来南通的荷兰水利工程师特来克"无西人自奉奢逸之习气"不同，这两个英国人十分傲慢和苛刻。那时候，尽管纱厂为他们建造了高级专家楼，并请来做西餐的厨师，但他们大部分时间都流连于大上海的十里洋场，很少到厂任事，而且他们在上海的一

大生纱厂的专家楼。当年英国工程师对技术的垄断逼迫张謇开设学校培养本土人才

切开销均由厂方支付。当时,张謇最高年薪仅200两白银,汤姆斯的年薪却达到了5292两,忒纳的年薪也有1000两。

尤其让张謇感到痛心的是,大生纱厂机器的购买、安装、管理、生产、维修完全由洋人说了算,如所购机器必须由汤姆斯指定的洋行供应,连价格、数量、货品配置都一概由他做主,大生纱厂毫无自主权。

从那时起,张謇就下定决心,要自办学校,培养中国本土的纺织技术人才。

1912年,张謇借用资生铁冶厂车间创办了纺织染传习所。之后,传习所扩大规模,改称"南通纺织学校"。纺织学校分本科、预科两班。本科招收旧制中学毕业生,学制为三年。预科招收高小毕业生,学制为五年。学校采用美国费城纺织学校的课程内容。学校教师由外籍教员和曾留学美、英两国的专习纺织技术的黄秉琪和丁士源担任,张謇则亲任校长。中国纺织领域以学校形式培养专业人才的模式由此发端。

次年,张謇等人又捐建占地35亩(1亩≈666.67平方米)的校舍于大生纱厂东南侧,定名为"南通纺织专门学校"。选址在与纱厂一墙之隔的地方,是为了便利教学与实习的紧密结合。

1918年8月25日美国《新贝德福周日标准报》对南通纺织专门学校做了详细报道

    1914年,张謇题写"忠实不欺,力求精进"之校训悬于教学楼内,并建立了各种规章制度。根据人才培养需要,同年,张謇向国外订购了最新式的纺织设备,使学生在掌握理论的同时能够全面投入实践。学校使用的是英文教科书。教师中有4人来自美国。由于学校采用英文教学,学生都必须先在预科阶段学习英语。

    南通纺织专门学校尤其重视"手脑并用"的教学方针。学生先上基础课,之后再交叉上基础课与实习课,在实践中加深对理论知识的理解。为了加强学生的实践能力,学校还聘请了一名英国工程师,负责学生的实习指导,从而使每个学生对机械的结构、操作、故障、修理和安全等都能运用相应的专业知识去解决问题,保证了学生毕业后能够独立上岗,成为企业的骨干。

    学校遵循德、智、体全面发展的人才培养目标,建有规模较大的露天操场,并组建了校足球队、篮球队、网球队、羽毛球队和乒乓球队。为便于学生住校学习,学校还建造了宿舍楼、图书馆,教授住宅区"纺织里"则紧邻学生宿舍。由于教育质量高、社会影响大,全国各地有志青年竞相报考南通纺织专门学校,甚至还有海外侨民、朝鲜学生前来就读。

为了使学校经费有可靠着落,张謇规定,南通纺织专门学校的常年费用由大生各厂按比例负担,在每年的余利中支付。此例一直沿袭下去,使纺织学校得以经久不衰。这是张謇在当时国势衰微、民力困乏、财政拮据的情况下,开辟的一条卓有成效的企业办学新模式。

1917年,南通纺织专门学校经民国政府教育部批准立案,这意味着这所学校正式进入当时的中国高校序列,而且是国内外公认的中国唯一的纺织技术教育高等学府。1918年,该校毕业生协助上海厚生纱厂成功完成了新设备的安装与调试。这结束了我国近代纺织企业一味依靠洋人的状况——一雪前耻,张謇的愿望实现了。就在这一年8月25日,美国《新贝德福周日标准报》用两个半版的篇幅详细报道了南通纺织专门学校的情况。报道中这样说道:"在美国,如果只有一所纺织学校,人们不难想象这所学校在其产业领域中占有多么重要的地位。就中国的纺织工业来说,南通纺织专门学校恰好拥有这样一种领导地位,因为在整个广阔的中华帝国,它是唯一的纺织学校。"

此后,南通纺织专门学校渐入佳境。1920年,毕业生袁敬仕等帮助我国近代第一家线厂——益辎线厂完成设备安装,受到社会各界好评。1921年,大生三厂建成,而该校学生承担了全部纺织机器的排布和安装任务。此时,该校毕业生已遍及全国。各地纺织企业纷纷前来招聘所需技术人才。其状之盛令创建者始料未及。

1926年,张謇逝世,其子张孝若继任校长。1927年,张孝若改组学校为南通纺织大学。1928年8月,南通纺织大学与南通农科大学、南通医科大学合并组成南通大学,南通纺织大学成为南通大学纺科。在抗日战争期间,该校迁往上海办学,直到1949年南通解放,才重返唐闸母校。1952年,全国高校院系调整时,学校整体迁到上海,组建华东纺织学院,后来升格为中国纺织大学,现更名为东华大学。

从1912年创办到1952年整体南迁上海,南通纺织专门学校历40个春秋。40年间,它为我国纺织工业培养了近2000名毕业生。他们后来分布于全国各主要纺织厂、印染厂、纺织院校、纺织科研单位和各级纺织管理机构,成为我国纺织工业的骨干力量和领军人物。

在那个积贫积弱的年代,张謇以他的远见卓识,为我国纺织教育和纺织工业的发展做出了奠基性的杰出贡献。因为他的功绩,他所创办的这所学校后来有了"中国纺织工程师的摇篮""中国纺织业黄埔军校"的美誉。

敬孺学校,
百年绿色校园正青春

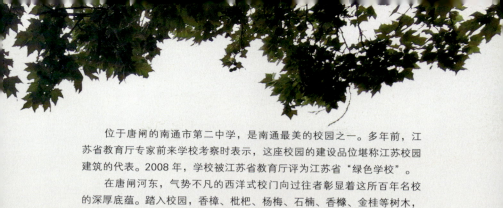

　　位于唐闸的南通市第二中学，是南通最美的校园之一。多年前，江苏省教育厅专家前来学校考察时表示，这座校园的建设品位堪称江苏校园建筑的代表。2008年，学校被江苏省教育厅评为江苏省"绿色学校"。

　　在唐闸河东，气势不凡的西洋式校门向过往者彰显着这所百年名校的深厚底蕴。踏入校园，香樟、枇杷、杨梅、石楠、香橼、金桂等树木，加上小桥流水、亭台楼阁，把教室包围在其中，诗意盎然。

　　这所学校已经走过了101个春秋。1919年是中华民族的觉醒之年。这一年，巴黎和会使当时的中国备受欺凌，军阀割据让国内民不聊生。也是在这一年，五四运动星火燎原，马克思主义和"德"先生、"赛"先生一起来到中国，让中华民族在黑暗中看到了曙光。

　　正是在这一年，张謇胞兄张詧在南通的现代工业发祥地唐闸创办了一所名为"敬孺"的学校并延续至今。百年前立下的"笃实耐劳"传统，在这所学校得以发扬光大。

　　自张謇创办大生纱厂以来，唐闸经张謇和胞兄张詧及各界人士的经营，陆续出现了多家工厂，各项社会事业也得到了发展。张謇"父教育，母实业"的理念，以唐闸为重要基地得以践行。

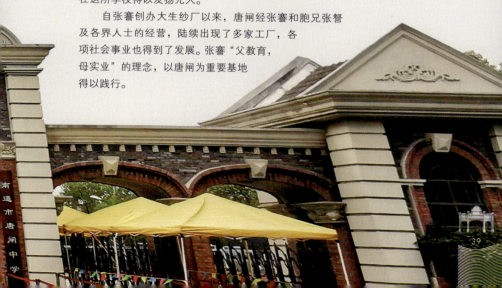

南通市第二中学校园

　　常有人将这所学校的校名误认为"敬儒",也就是敬仰儒教之意。其实,"敬孺"来自人名,即张謇的次子张敬孺。1918年5月15日,时任南通实业警卫团长张敬孺指挥士兵扑救唐闸火灾受寒致病,因医治无效去世。张敬孺生前曾希望在唐闸创建高等小学校。他不幸离世后,其父张謇为完成儿子遗愿,用其遗资两万余元于当年夏在唐闸镇河东择地建筑校舍,历时一年建成,定名为"私立敬孺高等小学校",并开始招生。

　　1919年9月1日,私立敬孺高等小学校正式对外授课,张謇自任校长。时任民国大总统徐世昌为学校题写"敬教劝学"匾。张謇手书校训"笃实耐劳"匾悬挂于礼堂门前。至此,"笃实耐劳"成为敬孺小学以及后来的敬孺中学、南通市第二中学的校训,延续百年。

中华人民共和国成立前后,私立敬孺高等小学校先后更名为私立敬孺初级中学、私立实业敬孺中学。1956年9月21日,南通市人民委员会发出通知,将私立实业敬孺中学改为公办学校,并更名为南通市第二中学。

早在学校建设初期,打造良好的校园环境就成为敬孺人的工作重点。1924年,私立敬孺高等小学校就在学校外操场东南两边栽植冬青,在内操场添栽花木。为了美化校园,教师们自己动手插菊苗数百株。次年学校还在校门东南处添筑草亭,聘请花农培植校园花木。

当年的校歌里曾唱道:"紫琅葱郁,碧水清涟,四面环通。"现在的敬孺中学,与百年前相比已经大变模样,但是至少有一点相似,就是绿色环绕的校园依然美丽。一代代敬孺学子,就在这菁菁校园中健康成长,并涌现出数不胜数的栋梁之材。

当年的敬孺学校校门

大生护理院：穿越百年光阴，这里夕阳独好

在唐闸古镇，张謇与其兄张詧在这里留下的足迹，随处可见。

通扬河畔的大生码头，见证了大生纱厂的光彩。沿着大生码头，走进百年沧桑的大生集团，一径往里，走过一座桥，往南便是大生护理院了。

"老吾老以及人之老"，这是孟子的名言，更是张謇弘扬的养老理念。

张謇与其兄张詧在1912年以后的10年间创办了3所养老院。1912年，正值张謇六十大寿。"二十五日，生日，先是移宴客费三千元，倡建第一养老院，戚友益捐助之，规地于城南白衣庵东。"(《啬翁自订年谱》)这个养老院可同时收养120位老人。张謇七十岁时，应六十岁生日时之约定，用私资在第一养老院前面购地建造了可同时收养146位老人的第三养老院。这两所养老院都建在南通，而第二养老院则在他的家乡常乐，落成于1913年。在张謇自订的年谱里有一句话记述了这件事："养老院落成开会。"

第二养老院位于常乐镇南湾，现在的大生三厂北边。张謇取"老吾老以及人之老"之意，题书"老老院"，周边百姓也有称之为"老人堂"的。第二养老院有七架梁朝南瓦房4幢，配备护理人员和医生，还有一个小手工厂，供老人们做些力所能及的手艺活计。养老院建成之后，周边数十里无依无靠的老人便有了栖身养老之所。常乐镇养老院的院舍到中华人民共和国成立后才被完全拆除，但方圆数十里的人们已将"老人堂"的名字及方位牢牢印记在心里。"老人堂"在相当长一段时间里是下沙地区的一个著名地标。

张謇时代的养老机构

张謇弟兄为何要在10年间办3所养老院？张謇在第三养老院开业演说中道出了他的心迹："夫养老，慈善事业。迷信者谓积阴功，沽名者谓博虚誉。鄙人却无此意。不过自己安乐，便想人家困苦；虽个人力量有限，不能普济，然救得一人，总觉心安一点。"在演说结束之时他向社会各界发出倡导："好善之士，如能本此推广设立，不使一老人流离失所，此尤鄙人所深望也。"

100年后，为传承张謇的慈善养老理念，2012年5月，一份可行性报告拉开了筹建大生护理院的序幕。2012年9月，定位为非营利性机构的大生护理院通过了南通市卫生局的评审，获得了执业许可证；2014年6月，获得了南通市民政局的执业许可。

有心人发现，大生护理院的建立与张謇创办南通第一家养老院正好相隔一个世纪。冥冥之中，天地大德，百年传承。

在先贤的引领下,在大生文化的实践中,这家古镇上唯一的护理院将全国养老理念重新定义。

在大生护理院,院长王文彬是每位老人的知心朋友。他带领全院上下传承先贤的养老文化遗产,构建了包括医养结合型照护服务、辅助器具适配服务、社区居家养老服务、养老服务评估、养老服务工作室等的多元化、多层次、一站式的大生养老服务体系。

一个世纪前,张謇创办的三所养老院都办有工场,在招收社会员工的同时,可让老人参加一些力所能及的劳动,并领取一定的报酬。这样既可为养老院创收,也可为老人增加一些收入,同时老人在劳动中也可强身健体。这些工作主要是"轻便工作,若缝纫、编织、种蔬、灌花"(《民国南通县图志》)。根据各人的能力,事情可多可少。

一个世纪后,这样的场景在大生护理院重现。黄昏时分,夕阳下,院内的一群老人围坐在一起剥蚕豆、聊家常。每逢清明节,大生护理院都会组织老人折纸元宝;每逢端午节,则组织老人包粽子。大生护理院甚至还对失智老人进行劳动分工,包括扫地、洗碗、端饭等,让老人有事可做。此外,大生护理院还专门在院内开辟了一小块农田,让老人体验农家乐,在干农活中找到从前的回忆。

张謇曾说:"与其一人一日无谓之靡费,不如使吾县境之孤穷老人得安其一日之生,同享厚地高天之乐。"在大生护理院陈列室内,张謇当年创办"老老院"时的23条院规依旧那么清晰地陈列在墙,其养老理念至今仍然光彩熠熠:"入院时由管理人询问一切登载老人名册。……每周更换衣袜,每月理发,六周洗被褥,每十二周洗帐,至沐浴次数依气候至冷暖而定之。……如拣菜、洗扫、清洁等事项,择老人有能力者由庶务分配其职务,岁给劳金……"

张謇是个远近闻名的孝子。尽管他在外时间较多，但总是不忘给父母写信，曾写下了有名的《检衣》诗。在大生护理院，这样的"孝文化"同样被传承下来。院内特别开设"亲情陪护间"，鼓励子女时不时前来陪住，并且不收取床位费，让住院老人在享受专业护理的同时，感受亲情的温暖。

大生养老，供给多元：采用24小时生活全方位"家人式"照顾护理模式，开设"适老辅具体验馆"，面向社会提供适老辅助器具适配服务，创建"阿尔兹海默症无障碍友好社区"……如今，传承张謇养老思想的大生护理院，已成为唐闸及周边老人最向往的养老好去处。

倘徉于唐闸老镇，路过大生护理院，有时远远便能听到深沉隽永、缠绵柔和的越剧唱腔。那曲调细腻婉转，情深意浓……对于有文艺特长的老人，护理院还会专门请来老师进行辅导。王文彬闲时，也会和老人们唱上几句。他说，让每位老人在这里都能安一日之生、享天年之乐，便是最幸福的事情了。

张謇说过，儒家有一句扼要而不可动摇的名言——"天地之大德曰生"，因此，他把纱厂的名字叫为"大生"。此句出自《周易·系辞》，意为天地自然最大的特性就是生生不息。从百年前的三家养老院到大生护理院，这不正是一种生生不息的传承吗？

如今，大生护理院还将专业的养老护理服务输送到基层社区，承接了唐闸镇街道、幸福街道、永兴街道的居家养老服务，将张謇的养老理念在江海大地进一步发扬光大。

穿越百年光阴，这里夕阳独好。百年大生不老，这个养老的品牌正当年。如果状元公能穿越时光，看到他当年的理念得以发扬光大，那么他一定会欣慰至极的！

大生护理院内景

红楼,
有多少旧梦可以重温

唐闸高氏红楼

  清末民初，经过张謇十数年的苦心经营，从农耕文明一路走来的唐闸终于走进了世界的视野，成为南通西风东渐的桥头堡。那时候，弹丸之地唐闸镇上，不但有了鳞次栉比的工厂、日升月恒的商场、货畅其流的公路、舟来楫往的码头，而且还有了许多让老百姓感到十分新奇的西洋式建筑。

  由于西洋式建筑的屋顶多由红瓦铺就，因此，当时的"闸上人"统一管它们叫作"红楼"。据老人们回忆，当初，唐闸镇上的红楼不下五处，其中，最为人们所熟知的是位于河东大洋桥下原大生纱厂股东高安九的别墅——高氏红楼，以及河西大生纱厂南端的大生里红楼。

  1937年3月17日，南通沦陷之后，高氏红楼的主人远遁他乡，日军部队便将司令部设在了这里。日军选择这里作为他们的巢穴无疑说明高氏红楼是当时镇上最好的建筑之一。

  有记载说高氏红楼建于1919年。近年来本地文史专家经过论证，认为这幢红楼的竣工时间在1915年。主持建造者为宁波籍建筑师董友章。此人早年在上海谋事，在西方建筑研究上有着很高的造诣。张謇曾经邀请他为大生纱厂设计厂房，还为张謇之兄张詧营造了城南别业。后来，他还曾赴上海、无锡等地为荣氏家族建造房屋。

  2019年，高氏红楼被列为江苏省文物保护单位。

  100年的时光足以让昔日的物事消逝在尘埃中。然而，今天，当我们走近这座唐闸镇上唯一的西班牙式建筑时，那一式的清水砖墙依然端庄典雅，那红瓦铺就的坡顶和屋面的三角雨厦依然赋有韵律，那廊柱间用当年从国外花巨资进口的马赛克铺就的过道也依然展现着那个时代的绝世风华。

  大生里红楼的建造时间大约是1910年，规模之大远超过高氏红楼。其主人为大生元老、财务总管张作三。他追随张謇几十年，办事极为忠实，经手账目井井有条，深得张氏兄弟器重。

张作三为人很重情义,常救人于水火之中。一次,他为故人之子做经济担保,以自己的私宅做抵押向大生纱厂借款。不料生意失败后,欠债人杳无音讯,张作三深受牵累,大生里红楼由此易主。张作三晚年贫病交加,但是,他对自己的行为从来没有后悔过。张謇称赞他:"真有休戚相关、临难不却之忠者。"

在抗日战争时期,大生里红楼成为日军驻唐闸警备司令部的练兵场,后来又成为实业警卫团唐闸大队部,驻军200多人,可见其规模之大。20世纪50年代中期,这座红楼划归医院所有,可惜在几次扩建中被逐步拆除。

事实上,除了以红楼为代表的西洋式建筑之外,在同一时期唐闸镇上还出现了许多中式风格的传统建筑,如司竹舟故居、吴蒉阶故居、丁家大院、魏家大院、於阶甫大院和顾雅言大院等。和高安九、张作三一样,它们的主人大多是张謇的同僚或唐闸近代工业化进程的促进者。

这些建筑乍看之下外观与江南民居别无二致,细看之下却有着类似我国北方院落的面貌,其空间布局与组合林林总总、变化多端,绝无固定的呆板模式。显然,它们受到了近代工业文明的熏陶,从而具有了突出的地域文化特征,并被烙上了时代的印痕。可以这么说,它们是百年古镇的神韵所在,也是南通这座城市的民族尊严所在;它们是近代城市多样化的民族坐标,也是南通走向现代文明的见证者与守望者。

唐闸古镇犹如一座建筑博物馆。在曲折迂回的廊檐桥径之间,在雕栏玉砌的亭台楼阁之间,在盈盈流淌的水光花影之间,我们还能感受到先贤们所共同创造的那段光辉岁月,以及他们踏实勤恳、不屈不挠、忠人之事的精神。

红楼内景

走过近代，
她依然是独领风骚的工业重镇

1949年2月3日上午，冬日的暖阳将大生一厂门前的钟楼照耀得分外清丽、挺拔。此时，一队身着军装的军人正迈着矫健的步伐雄赳赳、气昂昂地穿过钟楼下的拱门。他们是解放军南通军管会驻大生一厂工作组的成员，领头的叫刘雄先。

从那天起，已被动荡的时局摧残得奄奄一息的大生重新焕发了生机。从那天起，张謇所开创的唐闸近代工业史翻过了老篇章而跨进了新时代。

和大生一样，中华人民共和国成立后，唐闸镇上张謇等先贤们所创办的工商企业都实行了公私合营。在此后漫长的岁月里，它们翻开了一页又一页的崭新篇章，续写了昔日的荣光与辉煌。比如大生一厂（1966年8月更名为国营南通第一棉纺织厂），这个被著名经济学家严中平认为是"欧战以前唯一成功的华商纱厂"的企业，如今依然是同行业中的翘楚。而更加令人自豪的是，历经120多年的风雨沧桑，它已成为国内连续生产时间最长的企业。

唐闸人并没有满足于现状，他们一刻也没有停下跋涉的脚步。自20世纪50年代起，沿着通扬运河西岸，由南憩亭至大洋桥，又办起了自行车厂、醋酸化工厂、纺织机械厂、纺织器材厂、粮食机械厂、轴瓦厂、毛毯厂等一系列新的企业，恒益公碾米厂则被改建成了南通最早的一家饲料加工厂。在很长一段时期内，作为南通的骨干企业，它们为国家创造了巨量的财富，为社会的发展做出了巨大的贡献。

唐闸120多年的工业发展史是一部工业创新史，它不仅创造了丰富多彩的物质财富，还创造了灿烂的工业技术创新文化。

早在20世纪50年代末，唐闸各个企业就曾评选出技术创新标兵500多人。此后，杰出人物层出不穷。其中的代表人物有郭锁珍、尤常、包洪如、朴振恒等，他们所创造的新工艺、新材料、新产品在国内产生了重大影响，取得过卓著成绩的就达百项之多。

江苏大生集团现代化的生产线

位于 1895 文创园内的工业遗存

在1978年3月召开的全国科学大会上,唐闸一地就荣获4项科技奖:国棉一厂的"23000锭车间"、南通纺机厂的"74型印染机"、南通碳素厂的"大型石墨化炉"、南通醋酸化工厂的"石油化学催化剂"。

此外,南通油脂厂的棉籽综合利用技术全国闻名,曾被时任国务院副总理李先念称赞为"小棉籽上做出了大文章";南通醋酸化工厂的生产工艺、拖拉机厂的52型农用拖拉机生产工艺,还曾被定为部颁标准。

作为从一片荒蛮之地上崛起的令世界瞩目的工业重镇,唐闸从发轫的那天起,就将艰苦创业、忠实不欺、百折不挠、创新求变的基因深深地植入人们的身体中。因此,唐闸人绝不会躺在前人的功劳簿上裹足不前。事实上,后来几代人秉承张謇坚韧不拔的精神,用心血和智慧把唐闸镇浇灌成了一棵根深叶茂、枝繁果硕的工业经济"常青树"。

汤家巷 老巷子里的新活力

　　一条巷陌,百年浮沉。青砖黛瓦,枕河而居。这里是汤家巷,唐闸河东一片古朴而又活泼的天地。

　　汤家巷位于通扬运河与闸港河桥交汇的河湾处,与大生纱厂及码头隔河相望。清末民初,这里散布着大大小小的民居近两百间。一家汤姓大户在这里居住和经商,这条巷子便以他们家族的姓来命名。到了唐闸开埠时期,这一带最有名的当属闵氏家族。这一家族

出了不少名人雅士。闵家的三层小楼曾经是这里的制高点,一度还成为唐闸镇政府的驻扎地。

近年来,随着汤家巷片区的民宿休闲坊建筑物装修及改造项目启动,老巷子修葺一新,不但重现了昔年容光,还添了不少好去处。

修复后的汤家巷,让人看到了历史的沉淀,也让人感受到了新时代的活力。这份活力大概来自唐闸血脉和基因里的工业文化。不要忘了它可是"中国近代工业遗存第一镇"。自从1895年张謇在这里创建第一座大型棉纺织企业——大生纱厂以来,唐闸就以纱厂为轴心,相继兴办了榨油、磨面、冶铁、蚕桑染织等系列附属实业群体。再加上滨江临海的地理方位、得天独厚的水运条件,唐闸一跃成为苏北新兴的工业重镇。在唐闸印象展览馆,"会讲故事"的文物展品和影视资料会把这些全部说给你听。进去走一圈,就能对唐闸的前世今生有个大致的了解,而且宅子本身就值得一游!

出了唐闸印象展览馆,可以到江苏最美书店之一的唐闸尚书院看看。门额上古朴大气的题字、花木扶疏的庭院,让看厌了灯红酒绿的都市人眼前一亮。唐闸尚书院不只是一家书店,还是一家咖啡厅、图书馆。在这里,桌椅舒适、灯光明亮、音乐轻柔、茶歇可口,阅读体验极佳。

沿着唐闸尚书院背面的风雨长廊继续走,一水绕巷而过,岸边长了些菖蒲,柔韧如丝。河上横跨两座石桥:一曰"和丰桥",桥名由南通书法家王康题写;一曰"敬孺桥",与之仅一墙之隔的就是张謇胞兄张詧捐其次子张敬孺遗资创立的敬孺中学(今南通市第二中学)。古朴的乌瓦粉墙、如画的小桥流水、敦厚的青石板路……于斜风细雨里,错身遇着穿一件汉服襦裙的女子,会让人以为自己闯进了戴望舒笔下悠长又寂寥的雨巷。走在桥上,不经意地向对面的楼上望去,想到的是南通诗人卞之琳的名句:"你站在桥上看风景,看风景的人在楼上看你。"

名模走进唐闸古镇

徜徉在汤家巷口

但汤家巷也不总是慢悠悠的，它有遗世独立的品格，也有乐活亲和的一面。徕偲苑除了有汉服的主题外，还是聚会的休闲场所。顺着一溜墙绘找到五星酒吧，那更是一个可以玩到夜深的好去处。

逛累了、玩累了，便可入住具有民国风情的景澜·唐闸印象酒店，或选择附近朴素自然、风格简约的民宿，枕着汤家巷温柔的夜色、如水的月华，在运河畔的桨声灯影里，酣睡一夜。

无论是"须行即骑访名山"的人文历史爱好者，还是"人生得意须尽欢"的享乐主义者，总能在这里找到心之所属。

当年从汤家巷走出去的天涯羁客，故地重游时必要道一声别来无恙；今天慕名前来的四方游人，挥别之际又会期待后会有期。

唐闸印象，
为你打开见证历史的窗口

  1895年，爱国实业家、教育家张謇在唐闸创建第一座大型棉纺织企业大生纱厂，此后逐渐构建了一个工业城镇体系，唐闸也因此成为我国民族工业的重要发源地。在唐闸，如果要找一个集中展示"中国近代工业遗存第一镇"风采的窗口，那么非"唐闸印象"莫属。2017年10月，在汤家巷老街上修建完成的唐闸印象展览馆开始向游人展开怀抱。

  在唐闸印象展览馆，室内展区与室外展区错落有致，图片实物与视频影片交相辉映，实景复原与多媒体技术穿插运用，全方位地展示了唐闸工业的发展脉络、历史地位、人文风情和未来发展蓝图。

  序厅以浮雕的方式展现了唐闸的历史发展，点缀其间的齿轮图案象征着现代工业文明的元素，让游客刚一进门，就能迅速抓住重点——唐闸镇以工业文化为核心的特色发展之路。

  旧时唐闸堪称"小上海"，商贾懋迁、市集以兴，是一时通海地区的交通枢纽和新兴工业重镇。"商贸盛景"展厅就再现了昔日唐闸百业兴旺、人民安居乐业的盛况。一面展示墙上整齐排布着沈云奎伤科诊所、四逢春菜馆、新新旅馆、美吾照相馆等各行各业的招牌。透过这一块块仿古牌匾，游客仿佛真能看见昔日星罗棋布的商业街市，嗅到小镇的人情味和烟火气。

唐闸印象馆中的张謇塑像

整座展览馆的前身闵宅,是唐闸老镇的历史地标。宅主闵仲辉继承家业,创办了和丰油坊,还创办了唐闸首家私人银行汇通银行,为唐闸金融事业添上了浓墨重彩的一笔。闵宅占地十余亩(1亩≈666.67平方米),内有一栋主楼与南北多座庭院,商居合一。宅楼南面为街面店堂,北设边门纳货。楼堂内,东为和丰油坊柜台,西为汇通银行账房和接待室。二楼东西分别为主人卧房与书房,中央为办公室兼会客厅。三楼为雇员宿舍。这幢拔地而起的三层黛瓦粉墙小楼,在之后的半个多世纪里,一直是河东大洋桥畔最显眼的建筑,如今被完好地保留在"唐闸人家"展厅中,尚然如初。

馆内的罗宅也是保存较完整的通派建筑。正面是堂屋,里面有张供奉神明的小桌,用于祈求全家平安顺遂、健康长寿。东边一间卧室复原了民国初期的摆设,具有特色的生活用品一应俱全,甚至连旁边的猫洞也被保留了下来。由此游客可以想见一大家子人温馨热闹的生活场景。

唐闸印象展览馆

张謇家风家教展示馆内景

罗宅的西卧室保存了一些20世纪80年代的老物件,比如熊猫牌缝纫机、555牌座钟,还有产自南通本地的桃花牌摇头电扇、三元牌电视机。这些品牌都是当时风靡全国的知名品牌,成为上一代人的集体记忆。

值得推介的是作为这里独立板块的张謇家风家教展示馆。这个展示馆于2019年7月正式开馆,由风之源、风之化、风之衍三大板块组成,通过图文展示、多媒体互动等形式,讲述了张謇家风的起源、教化、传承,揭示了张謇家风的特征和意义,提供了践行中华优秀家风文化的全新课堂。

一进展示馆,就能看到一块家诫石。张謇六十九岁时,迫切希望唯一的儿子张孝若能够尽快成才并继承家业,因而辑取了刘向、诸葛亮、朱熹等七位古人的教子格言作为张氏《家诫》,告诫儿子要坚持修养自省,在交友、做人和勤学等方面唯善是取。

如今,这里成了崭新的"打卡地"。展示馆内有一间仿照老式私塾装修的教室,矮几上摆放着文房四宝。时常有参观者到这里来,体验一把从前的学子上学堂的感觉。执笔研磨,跪坐聆教,仿佛回到了从前的时光。

唐闸公园,
这个菊花保种基地真香

1913年的唐闸公园荷花池

　　唐闸公园是一座有来历的老公园。说它老,是因为这座公园建成时,大部分中国百姓还不知"公园"为何物。中国园林,数千年来一直是孤芳自赏的私家花园。一直到20世纪初,对寻常百姓开放的公园才开始出现。

　　开辟公园这件事,张謇不是最早的,但他是做得最好的之一。位于唐闸老镇运河东岸的这座唐闸公园,始建于1913年,是当年南通最早的工人公园。唐闸公园的设计者,就是中国近代最早的建筑师之一、南通人孙支厦。同济大学城市规划教研室编写的《中国城市建设史》中有这样的描述:"唐闸形成一个完整而独立的工业区……工人住宅区则建于工厂附近,多系砖木结构平房。运河的另一侧设有唐闸公园。"

唐闸公园菊花展

唐闸公园全景

　　唐闸公园的出现，给当时镇上数万市民提供了一个休憩、健身的好去处。据记载，当时的唐闸公园除了花圃、假山、亭阁、荷花池外，还辟有图书室、茶座、台球室及小型球场等休闲项目。张謇为池边凉亭题写了"观荷亭"。

　　唐闸公园开放之后，张謇一发不可收，从1915年至1918年，在南通城内接连开辟了五座公园，与长江边的五山相对应。随着南通城市建设步伐的加快，城内的五座公园如今基本不存，唯有最早的唐闸公园，历经百年时光依然生机勃勃。

　　中华人民共和国成立后，党和政府对于唐闸职工的业余生活更加重视，1953年，将已经破旧的唐闸公园迁址重建。到了2008年，南通市政府启动唐闸工业遗产保护利用工程，而唐闸公园作为近代工业文化遗存，成为保护工程中的一个重要部分。现在这个具有百年历史的公园经改造，面积达到17公顷，成为国内首个以菊花为主题的个性化城市综合体公园。

菊花是南通的市花。在南通，菊花栽培有着悠久的历史，最早见于明嘉靖年间的《通州志》。清《崇川咫闻录》对南通菊花品种及栽培都有记载，"种菊索值"还反映了菊花种植和销售的情况。清乾隆年间，南通状元胡长龄在京城任职，因思念家乡，赋诗一首："燕台菊不异吴中，欲种曾无地半弓。却忆城南烟水阔，秋来到处一丛丛。"年轻时举家迁至唐闸的画家邓怀农，爱菊、种菊、画菊，终成闻名海上的写意花鸟大师，其笔下的菊花神韵毕现。"不是花中偏爱菊，此花开尽更无花。"南通人养菊、赏菊，在民间蔚然成风。1982年，菊花被定为南通市市花。至今，每年深秋的大型菊花展都是南通人金秋时节的一大盛事。

现在，唐闸公园是"全国菊花新品种培育基地"之一，是我国菊花集中保存品种最多的基地。基地拥有陆建山、顾艳等一批菊花培育专家、菊艺大师，培育菊花品种1600多种，每年都生产绿化菊、盆景菊和观赏菊6万多盆。在全国菊花展览中，南通荣获的奖牌总数、金牌总数连续多年领先其他城市。唐闸公园每年推出的菊花展，毫不夸张地说，代表了南通菊艺的最高水平，已经成为江海文化的一部分。

每逢金秋，唐闸公园的菊花展都撩动了万千市民的心弦。公园里摩肩接踵的游人尽是为赏菊而来。满园尽带黄金甲。盛开的菊花争奇斗艳，竞相开放。清风拂来，菊花的清香带着晚桂的馨甜，让人顿有心旷神怡之感。

不单是金秋，唐闸公园在其他三季亦皆具有好景。春天，春色满园让人目不暇接，遮天蔽日的古老樟树郁郁苍苍，幽幽的樟香沁人心脾，公园宛如一座生态氧吧。仲夏，满池荷花怒放，"接天莲叶无穷碧，映日荷花别样红"。这里是南通最佳赏荷地之一，也是摄影爱好者的天堂。冬日，雪覆公园，却遮不住百年唐闸的无边风韵。"忽然一夜清香发，散作乾坤万里春。"鹊跃枝头，报告着春的消息。

菊花已成唐闸之宝。据悉，以唐闸名菊为依托开发的菊花茶、菊花酒不久将新鲜上市。南通历史上久负盛名的菊花宴，经过本地名厨的挖掘整理，也将重新焕发光彩。到时候，来唐闸赴一场舌尖上的菊花盛宴，必然是秋天里回味无穷的赏心乐事。

那一声大生钟响，让南通人听到了近代的节奏

和中国其他地方一样,很久以来,唐闸人遵循的都是"日出而作,日落而息"的作息规律。后来,随着大生纱厂的落户,人们逐渐习惯了跟着厂里汽笛的声音上工、放工。

然而,经过十多年时间,唐闸的工商业便蓬蓬勃勃地发展起来了。此时,张謇认为让人们"明晷刻",也就是有时间观念已势在必行。于是,大生纱厂钟楼应运而生。

这座钟楼建于 1915 年,高 17.6 米,坐西朝东,由两层裙房和三层楼体组成。裙房部分为左右对称的中式硬山坡顶建筑,中间为一拱门,门楣上饰有半圆形欧式拱券——这也是当时大生纱厂的大门。楼体第一、二层开红色木窗,第三层是钟室,外立面四周均为用罗马数字标明 12 小时的钟面。钟楼上部的女儿墙造型呈凹凸方形,颇似中国古代城墙的墙垛。这座建筑将东西方元素如此和谐而完美地结合,恰恰体现了那个时代西风东渐的风尚。

钟楼落成后,每天一到整点,钟声便会准时响起,顺风能传出七八里远。从那时起,唐闸人便有了"几点钟"的概念,此后的作息全凭楼顶的那座大钟说了算。

那时候,唐闸人也许并没有意识到,当钟楼上的第一声钟声敲响时,它敲开的是一页崭新的篇章。那一声钟声标志着时代的更替,标志着唐闸从此走进了近代工业社会,标志着一种全新的生产生活方式。

除了大生纱厂钟楼外,几乎在同一时期,南通还有另外三座钟楼:一座是当时南通县衙前的十字街钟楼,一座是海门三厂钟楼,还有一座是天生港海关钟楼(现已不存)。它们的出现增强了人们的时间观念,加快了人们的生活节奏,培养了民众的守时习惯——这对于南通经济社会的发展至关重要。

在 20 世纪初,钟楼还是个稀罕之物,可小小的南通就有 4 座,这足以体现张謇开风气之先的远见卓识,也足以令南通人为之感到自豪。

但是,在漫长的岁月长河中,钟楼也曾见证过唐闸人屈辱和抗争的历史。

那是淞沪会战进行得如火如荼的1937年8月17日。当天上午9点半，8架日机突然窜入南通上空，对手无寸铁的百姓展开疯狂轰炸。震耳欲聋的爆炸声掠过江城，所到之处一片废墟。南通基督医院（今第一人民医院）便在那次轰炸中被夷为平地。可是，令人意外的是，作为南通最重要的企业，大生纱厂却幸免于难。

原来，在抗日战争全面爆发之前，大生纱厂的董事们就预料到了危险的存在。经过商议，他们决定采取"以夷制夷"的办法来抵御日军的侵略。当时，大生纱厂向德国一家公司订购的发动机尚有17.2万英镑未付清，于是他们对外宣称欠款无法偿还，只能将资产抵押给德方，并在厂门外挂上了德国公司的牌子，聘请德国人为经理。此举得到了国民政府的批准。

为了防范日机的轰炸，在一段时间里，大生纱厂钟楼上的青天白日旗还换成了纳粹旗，厂房屋顶上也用黑漆画上了巨大的"卐"字符号。由于德日彼时已结成法西斯联盟，因此，这一不得已而为之的举动保全了大生纱厂的厂房和设备。

如今，战争的硝烟早已散去，而矗立在通扬运河边一个多世纪的钟楼依然神采奕奕。

沿着钟楼内陡峭的楼梯，我们可以上到这个全国重点文物保护单位的最高处。在这里，唐闸古镇、百年大生风光尽收眼底。

大生钟楼与大生码头

1895文创园：
阅尽沧桑看潮流

游客在1895文创园观展

有着百年历史的银光大戏院、铁锈斑驳的十多米高的储油桶、20世纪从德国进口的造纸机……走进1895文化创意产业园（简称"文创园"），首先映入眼帘的就是这些记录了历史沧桑的老古董。这里曾是广生油厂和南通造纸厂的旧址，见证了唐闸这座南通百年工业重镇的辉煌过去。如今，这里只留下了6栋百年以上的厂房、4栋20世纪50年代的车间以及一系列20世纪70年代以后的建筑。漫步其间，就像穿行在百年工业建筑的博物馆里，走进了那段民族工业奋发图强的历史。

1895年，张謇在唐闸创建大生纱厂，获得成功后，"一切皆以大生为母本"，先后创办了复兴面粉厂、资生铁冶厂、广生油厂等几十家企业。这批企业大多以大生纱厂为轴心，直接或间接为大生纱厂服务，形成了一条较为完整的产业链条。同时，唐闸的空间格局也围绕大生纱厂建立并发展起来，构成了一个产业兴旺、配套完整的工业城镇。如今，唐闸的近代工业遗存，除了还在运营的大生集团厂区之外，以位于西市街的1895文创园最为典型。

1895年代秀

  时至今日,1895文创园内,旧日的厂房已没有了百年前的热闹,华丽转身为现代文创集聚地。该园占地面积为6.7万平方米,以"工业文明活化石、时尚创意新天地"为定位,具有创意设计、创意工坊、创意会展、创意体验等七大功能,目前已有40多家创意设计、数字媒体、动漫制作等方面的企业入驻。

  1895文创园自对外开放以来,以继承弘扬工艺美术为主导,成功举办了"从洛桑到北京"国际纤维艺术双年展、1895中国当代工艺美术系列大展、南通首届俄罗斯艺术周、波兰克拉科夫版画展、首届南通国际当代工艺美术双年展等精品文化展,较好地满足了游客对于艺术精神的追求。

2014年新年伊始,1895文创园与台湾文创企业紧密合作,先后合作举办了互动教育科技展——"绘动的百骏图""春晓时代·汉宫style""追梦——永远的邓丽君特展""水水五月天——台湾文创生活节"等两岸互动活动。尤其是两岸文创生活节活动,吸引了众多台湾市集团队与本地文创青年共同参与,促进了两岸文创青年的互动与交流,充分挖掘了文创市场在南通的潜力,并推出了"南通·1895创意市集"品牌。通过常态化开展市集活动,1895文创园集聚了一批充满想象力的生活艺术家、产品设计师、手工艺匠人等文创青年,也因此成功获评江苏省文化产业示范园区、国家级文化产业示范基地、大陆首家海峡两岸文创产业合作区,为当代艺术品展示、交流、交易、拍卖搭建了平台,在百年工业老镇打造出了一片艺术高地。

　　在此基础上,1895文创园继续以打造研究、成型、孵化、投资、交易、服务六个平台为目标,兴建了版画工作室、创客中心、推广服务中心、青年公寓等功能配套设施,为艺术家留园创作、创意青年创业创新、小微企业孵化成长等创造了便利。与此同时,1895文创园还与高校、行业协会共同打造"协同创新中心",打造中国工艺美术产学研合作基地;与世界手工艺理事会、中国工艺美术协会展开深度合作,成立世界手工艺理事会(南通)创新中心,打造世界手工村,共同促进中国乃至世界工艺美术的发展。

　　如今,经历了沧桑变化的1895文创园已经成为南通文创的一个新的发展极。它将持续推动文化产业融入独具魅力的近代工业遗存空间,注入时尚发布等文化符号,建立最具江海风情的创意集聚地。

　　在这里,在百年以来前辈们奋斗过的空间里,新的文创产业,犹如当年的民族工业,开辟出了一片崭新的天地。

　　晚霞落下,华灯初上。1895文创园内,有艺术展览,有文创小玩,有创意生活。百年前轰隆隆的机器声,演变成静悄悄的创意潮。如有闲暇,在1895文创园的茶社内品一盏清茶,望一轮明月,你可以感到,正是有了前人的奋勇开拓,才有了后人的岁月静好。

　　仔细听,那机器轰鸣声犹在耳边。

时光印记，
在历史的空间里留下刻痕

手工"写"诗

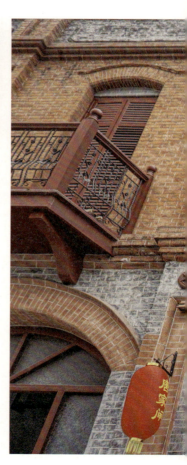

1899年，大生纱厂投产出纱。在投产之后，1912年，张謇利用纱厂的富余电力创立了大达公电机碾米公司，采用电机来碾米。该公司成立后的百年来，整体格局基本保留完整，厂房具有典型的唐闸近代工业遗产特点，现存的墙面线脚及圆形门券、窗券，均为民国时期较为普遍的外墙造型。

作为唐闸地区"近代中西合璧式建筑"的代表，大达公电机碾米公司主立面的砖柱、山花、拱券、阳台等具有明显的西式建筑元素，同时屋顶又为典型的中国传统歇山顶形式。这种源于本土文化，并将外来建筑类型和本土形式进行融合之作，体现了近代中西建筑文化的碰撞和交融。

时光印记活字印刷体验馆

走进大达公电机碾米公司旧址，白色内墙，暗红色门窗、楼梯，木板吊顶，都是近现代建筑的传统样式。大达公电机碾米公司虽然经过多次修缮，但仍保留着当年的风采。你站在这幢建筑前，可以感受到百年前的喧嚣和繁华，可以感受到一种独特的工业时代的味道。

　　现在的大达公电机碾米公司旧址，已经成为一个名叫"时光印记"的科普展馆，成为南通首家活字印刷体验馆。这里可以带领你穿越近千年，领略活字印刷的奇妙感觉。

　　北宋发明家毕昇发明了活字印刷术，曾对世界文明进程和人类文化发展产生过重大影响。活字印刷术的发明是印刷史上一次伟大的技术革命，一横一竖、一撇一捺都凝结着中国人民的智慧。经过千年传承，20世纪拉开了辉煌的铅与火的时代序幕。翻开任意一本具有30年以上历史的书本，你都可以在纸页上抚触到浅浅的浮凸。那是铅字印刷留下的独特压痕，是老一辈读书人指尖最初的记忆。

寻觅汉字

时光印记馆一景

沿着大达公电机碾米公司旧址的老旧楼梯拾级而上，20世纪的老式印刷机、铸字机、铅活字等物品依次排开，供八方游客参观。在这里，游客不仅可以了解到活字印刷的历史、发展和变迁，还可以近距离与这些老物件亲密接触。

这里的活字印刷体验主要有拣字排版、校对、涂墨、印刷、最终成品等五个步骤。每一个走进体验馆的游客，都可以自己动手拣字、排版、印刷，触摸一枚枚活字，与穿越近千年的活字印刷术亲密接触，复活铅与火的古老记忆，重温一个时代的温度。自己动手，在泛黄的纸面上刻印出的一页浪漫的诗歌，会成为一件独特的礼物。

无论是作为大达公电机碾米公司旧址，还是作为今天的时光印记，这里都是唐闸古镇上一处可以动手触摸和感受的历史。

闲暇时光，汇聚于此，留下印记。透过这些活字，透过这幢建筑，看到的是工业，是文化，更是历史长河中一颗闪亮的星。

广生制皂，
用古法定制属于你的香皂

"余持棉铁为中国近世要务之说，凡三十年，先我后我，事乎此者，亦肩背相望矣。铁，吾猝夫能业之也，业棉则逾二十年。"

近代民族实业家张謇在"棉铁语录"里明确指出，不仅棉铁二者中"棉尤宜先"，而且首先从发展植棉着手才是当时的救国之策。

在这一指导思想下，1895年张謇创办了大生纱厂。在纺纱的同时，剩余的棉花籽被发现可以用来大量榨油，而棉籽油可制作肥皂。南通广生油厂由此应运而生，而广生油厂的棉油下脚料就这样成了大隆皂厂的原料，为大隆皂厂试制肥皂、兼制皂烛提供了便利条件。

1902年张謇筹办了广生油厂，利用唐

与小伙伴一起体验肥皂的制作

闸水陆畅达的优势,打造了一个独特的生态产业链:棉花—大生纱厂(棉籽)—广生油厂(油脂)—大隆皂厂(皂烛)。该产业链成为当时唐闸工业所特有的产业模式。这对于当时将肥皂称为"洋碱"的百姓来说,是一个了不起的创举。

一种技艺和文化不应被遗忘,而应被传承和发扬。2020年7月25日,广生制皂文化体验馆在唐闸古镇开门迎客。这是由唐闸古镇保护开发有限公司与上海制皂有限公司共同打造的国内首家集历史传承与文化体验于一体的开放式手工皂体验中心。体验馆位于唐闸古镇北市街,共有上下两层楼,虽只有四百余平方米,但其历史渊源大有来头——该馆所处的位置正是原来南通广生油厂的原址。

20世纪20年代,在广生油厂的实验室里,本地青年在外国专家指导下做实验

如今的广生制皂文化体验馆在制皂工艺方面采用了古法制皂工艺,还在各个区域渗透了金、木、水、火、土五行元素。一楼的绿色区对应木元素,呈现了东西方沐浴文化和皂的起源;白色区对应金元素,展示了关于皂的不同分类和工艺;黄色区对应土元素,是一个休息区,也是产品的自动售卖区,其中有一面商标墙,展示了各种香皂品牌。二楼的黑色区对应水元素,其展台上陈列的各种不同的手工皂、创意礼品皂让人大开眼界,且这里汇聚了目前功效最全的皂品;红色区对应火元素,也是DIY手工皂体验制作区,是馆内最精彩的区域。

广生制皂文化体验馆正式开馆,标志着唐闸民族工业风情小镇建设又迈出了坚实的一步,对推动区域的工业文化事业进一步繁荣发展起到了积极作用。

广生制皂文化体验馆开馆后无须预约,免费向广大市民开放。

在这里,你可以闻到手工皂的老味道。带着你的亲朋好友来一次全新的制皂文化体验之旅吧!

广生制皂文化体验馆深受孩子们欢迎

姓氏文化馆,等你来到这里寻找答案

南通姓氏文化馆

南通山水毓秀,地灵人杰,在历史上孕育出了众多英才。据不完全统计,仅南通地区的清代进士就有108人,其中不乏父子、兄弟、祖孙同为进士,甚至传有一门五代具六进士的科举佳话。当年的江海大地能涌现出这么多人才,难怪如今被誉为"教育之乡"。

如果想去认识一下这些当年的"学霸",看看你与他们是不是有些渊源,你就可以去唐闸的南通姓氏文化馆。这里面的"进士坊"中有这些先贤的人生轨迹介绍。

树高千尺定有根,水流万丈必有源。中国姓氏文化源远流长。每一个姓氏都包含其独特的、丰富的文化内涵,而现代人对姓氏又真正了解多少?

想追根溯源,你可以寻到唐闸复兴巷内的一个院落。这里的南通姓氏文化馆,或许能解答你心中的疑惑,让你寻根问祖,认祖归宗。

这个文化馆的院内依次陈列着吕岱、曹顶、陈实功、李渔、李方膺、张謇等多位南通历史名人的塑像。一走进馆内,就能看到范、顾、徐、闵、保、冒等各类姓氏的由来,使你不由自主地停下脚步,慢慢了解。比如:南通城里有大小保家巷,唐闸周边也有分布,而保姓人家是落户通城的蒙古族的后裔;冒辟疆的冒家亦是如此。

鱼贯而入,在姓氏文化馆的展柜中,一本本泛黄的家谱,让参观者有一种期待找到自己姓氏渊源的冲动。可以说,姓氏作为最常见的传统文化,也是最容易被人们忽视的。在这个文化馆内,人们能寻根溯源,了解姓氏迁徙、姓氏金榜、姓氏风范、姓氏家谱、家族文化等,感受中国姓氏文化的源远流长。

千年之前,南通是江口海域中的沙洲。千百年来,江海大地是如何聚集了如今的这些"百家姓"?

在姓氏文化馆里,你会了解到,南通的许、芮等姓可能来自南京,白姓可能来自句容,茅、郭、庄、巫等姓可能来自镇江,叶、沈等姓可能来自宁波……

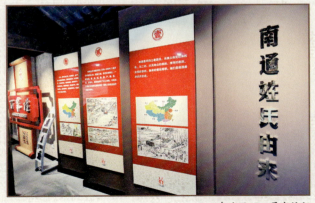

在这里可以寻宗访祖

南通历史名人雕像

在姓氏文化馆里,你还能在姓氏墙上找到自己姓氏的开山鼻祖,通过文字、图片,寻觅自己先人的足迹。

全国姓氏文化馆有多处,但南通的姓氏文化馆除了能让你了解到姓氏由来外,还能让你知晓南通江海大地姓氏的变迁和交融,具有鲜明的地方特色。虽然你面对的是一个个冷峻的汉字,但其背后的意义和时空维度,已经超出了汉字所能表达的境界。

在姓氏文化馆里,那经历百年传承、不断重修的家谱,那经历千里迁徙,从远方来到南通的故事,无不诉说着自己的传承。

姓氏对于国人来说不仅是一种符号,也是一种代代相传的文化徽章。无论你身处何地,只要见到同姓之人,即会产生一种天然亲切感。姓氏就像一条无形纽带,联系着同一姓氏的人们。

姓氏文化馆,等待你来到这里,寻找你想要的答案。

司园博苑，
大宅门里故事多

唐闸西市街74号是一座临街傍水的老式民居。里面层层叠叠的楼阁好像封存着一段段欲说还休的故事，只待有心人前来探秘。

这里是司园博苑，原来是唐闸名人司作舟的故居，建于民国初年。院内三楼三底朝南，二楼两底朝西，楼房后隔天井是三间七架檩的中式平房，天井西侧还有亭子、厨房等配套房。

主楼为两层青砖黛瓦折角小楼，前有临街敞厅门楼，后有正埭瓦房合院。开发保护单位耗时两年多改造修缮，精心布置，司家后人也主动与古镇办联系，捐赠物品，这才有了我们如今看到的这座司园博苑。

司园博苑大门

司圆博苑院落

司园博苑二楼展厅

一楼是百年光影厅。一张张照片陈列整齐，并配有翔实的文字说明。往日的影像资料真实地记录着这方水土上的风物、人事。老照片背后是岁月的沉淀和时代的缩影，承载了南通的城市记忆。游客从中可窥见通城历史的一鳞半爪。小楼一侧还设有影视厅，供游客观看有关唐闸古迹的视频，聆听小镇的故事。

转上二楼，踩过"吱呀"轻响的木质地板，听讲解员将往事娓娓道来。想不到这座静僻雅致的老宅竟也有风起云涌的传奇故事。

司作舟毕业于张謇创办的南通纺织大学，曾任司裕大粮行董事长、大生纱厂副厂长，是这里的风云人物。当年为了支持抗日战争，他把自家院子作为新四军的地下联络站。地下党组织常在司宅开会或传递情报。司作舟还为新四军出力捐资，利用自己的粮运船只当掩护，在通沪直接运送伤员和军火物资，躲过了无数次特务的搜查。

南通解放前夕，国民党反动派撤退时竟然企图炸毁大生纱厂。为了让这座名厂免遭厄运，司作舟斡旋于各方势力之间，组织员工参与护厂运动，并自掏腰包用20根金条疏通关系，机智地遣散了国民党的游兵散勇，使大生纱厂最终得以保全。今天，我们行走在百年大生纱厂的老厂区里，对于当年护厂有功的人们还是充满了钦佩。

司园博苑这一带的老街小巷也是军旅书法家王康将军成长的地方。二楼展厅里收藏了他的大量书画作品，进门的地方就裱有他为家乡唐闸题写的"月是故乡明"。王家与司家是邻居，不仅父辈们相交甚笃，王康和司作舟的儿女也是幼时玩伴。宅院内外留下了他们童年时代的记忆。司宅是王康无论走多远都念念不忘的乡愁。在大西北的严风朔雪里，他会时常回忆起南方老宅燕雀啁啾的春天。

走进司园博苑，就像踏进了时空之门。清淡的樟木气息和复古的建筑风格让人有种穿越到过去的错觉。

庭院内立着一棵百年老黄杨，根干遒劲，枝叶葳蕤。时光荏苒，但它仍安静地站在原地，见证着时代的变迁。

唐闸粮业公所,繁华米市的定盘星

漫步唐闸老镇,走出汤家巷口,沿着通扬运河往步行桥方向走去,一座面朝运河的小楼便出现在视野里。抬头望见它的门脸,"唐闸粮业公所"的金字匾额告诉游人,这又是一个有来历的地方。

这是一个可供参观的景点,刷一下你的俏脸即可入门。正对大门的即雷祖殿。一副传统的对联"粮乃国之宝,民以食为天"提示我们,这里复原的是20世纪初唐闸粮业公所的议事厅场景。

如果不想与那些栩栩如生的塑像对话,那么可以转到侧旁的卖品部看看。这里展销的是唐闸及周边的特产,自然也包括石港大米这样的知名粮食品牌。女售货员看上去与这座小镇一样随和,你不买东西也不会影响到她的好脾气。她其实身兼这里的管理员。如果你想打听粮业公所的那些事儿,她虽然不会开启讲解模式,却能给出恰当的建议:可以到楼上去看看,那里有你想知道的答案。

唐闸粮业公所(国画)

二楼是一个名为"积仓糇粮"的陈列展。这名字很古朴,出自《诗经》里的《大雅·公刘》。花点时间看一看,确实能够对唐闸粮业公所的前世今生有一个基本了解。

唐闸这地界,处于江河交汇之处,是古运河进入州县的唯一水路通道。在明清两代,通州的四大产业——渔、盐、棉、纱,都要通过这个北大门运往南北。

1895年,张謇在唐闸创办大生纱厂。初创时,唐闸小镇集聚2万多人。随着大生企业的发展壮大,各种怀揣着梦想的漂泊者云集于此。到20世纪初,这里的常住人口迅速翻了一番。大伙儿紧吃,粮油就吃紧。与此同时,大生集团为自身发展的需要,大办江河航运,建成了较为完善的水陆运输系统。

"积仓糇粮"陈列展

张謇还创办了通海垦牧公司,在开垦出的土地上广种棉花,用以满足纱厂原材料的需求。南通老百姓觉得跟着张謇就有饭吃,种棉花比种粮食更有"钱"途,于是南通地区棉花种植越来越广,粮田面积日益削减。本来就不以产粮见长的南通,顿时成了缺粮大户。

为了解决粮食问题,大生企业就利用自身的运输优势,把纱、布运到全国各地,再从国内四大米市采购粮食回来,这样粮食业就成了唐闸镇上仅次于纺织业的第二大产业。唐闸的粮市迅速崛起,成了苏中、苏北最大的粮食集散中心。

唐闸当时的粮食市场在河西的中市和北市,从事粮食买卖的牙行(相当于现代的中介)多如过江之鲫。新谷登场以后,每日成交量一般有数千担(1担=50千克),最多时近万担。这个行业的水很深,繁荣的背后乱象丛生。牙行不断增加,收取的佣金不一致,潜规则就开始暗潮涌动,且量器也有大有小。一些不良米商便趁机玩起了花头,受害的则是普通百姓。

唐闸粮业公所展厅

是时候成立一家规范粮食市场的权威机构了。遥想那时,中国近代第一镇的总设计师张謇,与他的团队经过筹划,发起成立了唐闸粮业公所。

唐闸粮业公所的制度设计很先进,理事和监事由会员推选行业中资金多、实力强的企业主担任。大生集团是当仁不让的龙头,于是,粮业公所的首任理事长为大生高级职员宗渭川。1916年,粮业公所扩大规模,购河东中市街房产一处,另添建房屋26间作为办公场所,并设雷祖殿作为议事厅。如今展现在游客眼前的这座粮业公所,再现的就是当年河东的景象。对比老照片看,还原度相当之高。

稳定粮市就能稳住人心。粮业公所在议定佣金标准的基础上,开始统一"度量衡"。每年6月24日,各行业的斛、斗、秤都要到粮业公所核准,烫上当年的火印才能使用。那些在器具上玩手脚的米商就无处遁形了。粮业公所注重公益性,每年都组织慈善活动,比如腊月施粥,让穷苦者每天领一次,后改为凭票领米。无论施粥或发米,米的来源都由会员捐助。

唐闸粮业公所的这一通操作，为本来就兴旺的唐闸商贸市场再添一把火。闻风而动的外地客商大举进军唐闸进行粮棉交易。1919年的本地媒体《通海新报》3月17日电载："凡长江上下游及内地各界粮商无不呼唐家闸为米市云集之地。南至十里坊，北至十八里河口，西从闸口到天生港都泊满了里下河等地的网船。安徽来的是江湖船，最多时大小船只达千艘。"唐闸粮业公所理事长1922年在一次粮食特别大会上说："唐闸为南通实业之总枢，而实业之贸易最盛者，当推粮业。"唐闸市民口头曾流行的谚语"装不完的西北，塞不满的东南"，专指通扬运河上南棉北粮运输的繁兴盛况。

粮食供应紧张时，唐闸粮业公所就派人外出采购，以平抑市场。1926年发生春荒，唐闸粮业公所就开启国际贸易谈判，从缅甸仰光采购1800包大米，专门成立仰光米平粜局开仓平粜，采取每人限购1~5升的方式，在一定程度上缓和了"断米"的严重局面。

近代民族工业的发展催生了唐闸粮食业的兴盛，而健康发展的粮食业，也为民族工业的续力做出了"粮草先行"之功。

时过境迁，唐闸的粮食产业也顺应时代的潮流而转型。而今我们走进这个展馆，可以回眸唐闸粮业百年历程。对于解读这座民族工业风情小镇，这里可以提供一个生动直观的范本。

位于运河边的唐闸粮业公所展馆

大储堆栈,
这里曾经堆砌着财富

如果时间可以倒流,那么你不妨站到百年前横跨于通扬运河的大洋桥上向两边眺望。那里演绎的是怎样一幅物阜民丰、商贸繁荣的生动场面啊:连绵数里的古运河上舟楫相连,沿岸工厂林立,花行、纱庄、布店等商铺鳞次栉比。

企业的总股本是200万元,而一年的盈利达到了将近80万元——这是1917年大生纱厂的经营业绩。要知道,在那个年代,一块大洋的购买力相当于今天的200~300元人民币。由此我们可以想见当年这家企业的朝气蓬勃与欣欣向荣了。

当然，最能吸引目光的还是大生纱厂钟楼前的那座码头。它不舍昼夜地向人们展现着这样的景象：一条条载满原棉的拖轮在此抛锚停泊，等待卸载；一批批装载纱布成品的货船由此解缆离岸，争先恐后，喧嚣鼎沸。

我们之所以把目光投向大生码头，不仅因为它地处唐闸的繁华中心，其身后矗立着一个名重中外、声震东南的企业，还因为码头前的花来纱往、百舸千帆直接牵系着南通广大农村百万棉农、十万织户的生产与生活，牵系着唐闸镇上万户人家、数万民众的衣食所安、生计所依。

早在大生纱厂创办之初，张謇就对未来做了战略构思：利用南通地区植棉与乡村手工织造的传统优势，从当地农村购进棉花供纱厂纺纱，再将生产的机纱卖给当地农户织布，然后将布匹再收购上来向外埠销售，从而形成"工厂小车间、农村大工厂"的格局。此后的发展果然如张謇所设想的那样，大生的纱机一响，整个南通地区的土布生产业便随之运转，逐渐形成了以唐闸为辐射中心的兴仁、白蒲、平潮、金沙、西亭五大土布生产基地。土布业成为当时南通地区的经济支柱，它使那个年代的南通百姓得以安居乐业。

如今的大储堆栈已被废弃，但总体结构依然完整。

大生码头一头连着南通这个纺织业生产基地,另一头连着近代中国最大的花、纱、布贸易集散中心,就是1904年张謇在上海十六铺兴建的大达码头。唐闸大生码头与上海大达码头是大生集团伸向内河与大江的两条臂膀,一条掌控着南通地区花、纱、布的进出,一条捕捉着外埠市场的商机。它们南北携手,共同创造了南通纺织品贸易的辉煌历史。

随着业务的蒸蒸日上,张謇觉得发展仓储业已刻不容缓。1917年,他与张詧、吴寄尘、周扶九等人合议发起建立南通大储堆栈,请总商会派驻棉检人员兼办原棉检验及打包业务,并将公司定名为"南通大储堆栈打包公司"。该公司于1919年正式开始营业。

当年的大储堆栈在天生港、城区、海门和崇明外沙(今启东)均有分设机构,其中,位于唐闸河东的那座规模最大,也是今天的唯一幸存者。它的占地面积达40多亩(1亩≈666.67平方米),共设大栈房74间、中栈房8间、小栈房10间。虽是仓库,但是建设得十分考究:一式的清水外墙,硬山式坡顶,门窗上方装饰有

西洋式券口,大梁和立柱所用木料都是从美国进口的花旗松,露天堆场用二三十厘米见方、六七十厘米长的麻石铺筑地面。

设在大门北侧的两层办公楼亦为中西合璧式风格。当年的总经理室,以及总务、财务、业务、安全、保卫等职能部门均设在此。与此同时,为了方便货款的结算、汇通,楼内还设有上海银行驻通办事处。

大储堆栈内还建有一座三层欧式小楼,内装设电动打包机一部,以捆打出口棉纱。

掐指算来,历史的脚步已匆匆走过了百年岁月,所幸的是,当年被称为大生"粮草后援"的大储堆栈河东仓库群依然如古堡般伫立在通扬运河畔,雄伟依旧,巍峨壮观依旧,给人以强力的视觉冲击力。

曾几何时,这座近代工业遗存是纵览南北、汇聚东西的物流仓储中心和水陆对接枢纽,而今天,虽然它已经满园荒芜,但基本形制仍在,成为后来者缅怀先贤、怀想唐闸过往兴衰的窗口。

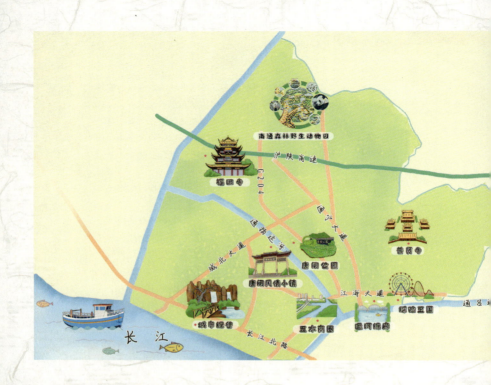

离唐闸不远，
这些风景可以去看看

· 五水商圈

来唐闸旅游，想到一个热闹街区逛逛，那么位于唐闸东南部的五水商圈可以满足你的心愿。这里是南通西北片区城市副中心的核心区。随着运河功能的重新定位和绿廊工程的不断推进，国内外知名品牌商家相继落户于此。如今的五水商圈已聚集了万达、宜家、山姆、1912文化街区等一系列品牌商家，成了市民休闲娱乐的好去处。

· 城市绿谷

位于唐闸西南部长江边上的芦泾港，偌大的园子里古树参天。"城市绿谷"这个名字，不太容易让人把它和私家园林联系起来，然而它的确是一座融汇中西的江海名园。它的前身叫作"陈氏花园"，始建于1910年。当时实业家陈维庸在芦泾港芦家圩塘开建这座私家园林。它由南通籍建筑大师孙支厦设计，后经扩建有了今天的规模。2009年，政府投资改建这座园林，使之成为面朝长江、鸟语花香的城市绿肺，并定名"城市绿谷"。

· 普贤寺

唐闸老镇往东,矗立着一座规模宏大而特色鲜明的寺庙——峨眉山普贤寺。这座千年古刹冠以"峨眉山"的雅称,与唐代"峨眉山僧"在此停驻有关。南通民间有"先有峨眉山,后有通州城"一说。寺内一棵有780多年树龄的古罗汉松见证了岁月沧桑。值得一提的是,普贤寺旁的荷花池内栽种着约400平方米的荷花。每到盛夏时节,荷花绽放,使这里成为夏日游人休憩的佳处。游客可到这偏离城市喧嚣的安静一隅散步小憩,也可到普贤寺北的花海去赏花。

从唐闸出发的禅修之旅也可选择往北去参访福田寺。在那里,被誉为"江海第一阁"的毗卢阁气势雄伟。文化福田,能让你净化心灵。

·南通森林野生动物园

　　南通森林野生动物园位于唐闸以北的幸福街道境内，占地面积达 3000 多亩（1 亩 ≈ 666.67 平方米），是华东地区规模最大的野生动物园之一，也是一座植物大观园。其森林覆盖率高达 65% 以上。在这里，你可以尽览来自世界各地的 300 多种近 20000 头（只）野生动物的风采。

　　自 2018 年 9 月开园以来，秉承"野趣，与丛林共生"的理念和宗旨，南通森林野生动物园以大规模野生动物种群放养和自驾观赏为特色，凭借独特的生态湿地景观、充满野趣的动物精灵、各类精彩纷呈的演出，以及独特的主题景区、便捷的交通和优质的服务，成为苏中、苏北地区的旅游新地标。

风物宜长放眼量

叁

柞榛，这种木料"最南通"

走进唐闸 1895 文创园的大门，西侧一家博物馆里陈列着几百件家具。它们全都是用一种色泽暗红、木纹华美的木材制作而成的。那些泛着古旧光泽的几案、椅凳、桌台、床榻、柜架，不但做工极其精美，而且它们大度、从容的气息令人折服。这些便是柞榛家具，而这家博物馆叫"江海柞榛家具博物馆"。

柞榛家具，顾名思义，就是用柞榛木制作而成的家具。柞榛属常绿乔木，木质细腻坚韧，木纹清晰雅致，是制作家具的上等材料。但是，由于柞榛生长缓慢，又易遭虫蛀，故有"十柞九空"之说。柞榛因多弯曲，成材率极低而显得尤为珍贵。它主要分布于长江下游北岸，以南通种植最为广泛，并大量用于家具的制作。

从现在我们所能见到的柞榛家具来看，它的出现年代当在明朝后期。

一方水土养一方人，一方水土也养一方物。南通人的性格综合了江南的灵秀和北方的粗犷。南通人沉稳、从容的气度，加上积淀千年的深厚文化底蕴，使南通柞榛家具的风格呈现出了雅致、质朴和大气的特点——这是南通人的气质和精神在他们所使用的家具上的反映。另外，由于文人的介入，南通柞榛家具又少了几分粗糙和俚俗，倒添了几分精巧、细致和文静。

王世襄先生在他的《明式家具珍赏》一书中，曾将明式家具的风格归纳为"十六品"，其中所说的简练、淳朴、厚拙、圆浑、沉穆、典雅和清新，恰恰与南通柞榛家具的气韵相吻合。那么，南通柞榛家具与王世襄所"珍赏"的明式家具之间存在着怎样的联系呢？

多年以来，文博界的许多专家都认为，明式家具的主要产地是苏州，但是，南通人李渔在他的《闲情偶寄》中曾有这样一段关于家具的论述："维扬之木器，姑苏之竹器，可谓甲于古今，冠乎天下矣。"因此，我们可以知道，明中后期至清早期，苏州工匠主要从事的是竹器的加工制作，而顶级木制家具的主要产地在"维扬"。

江海柞榛家具博物馆

明式柞榛家具

　　李渔所说的"维扬"并非专指扬州一地,它包括了今天的扬州、泰州、南通和盐城的广大地区。事实上,在历史上的某些时段,南通曾隶属于扬州府。这样看来,南通当是明式家具的重要产地之一了。

　　明式家具中材质最好、做工最上乘的,就是今天古玩爱好者和收藏家钟爱的黄花梨家具。由于黄花梨材料难觅,所以这种家具在当时就属上品,一堂家具的价格甚至抵得上一座不错的宅子。

　　在南通,黄花梨家具并不十分罕见。近30年来,世界各地收藏家从南通"淘"走的黄花梨家具达数百件之多,其中不乏大件和精品。美国波士顿国家博物馆就藏有一张产于南通的黄花梨四出头官帽椅,其做工之精美堪称"举世无双"。这件黄花梨家具的照片后来一直被印在这家博物馆馆藏文物画册的封面上。黄花梨家具在南通的大量存世表明了这样一个事实:在明中后期至清早期这段时间内,南通的工匠们正在大量制作黄花梨家具。

　　还有一个现象值得注意:除了经常可见的黄花梨大件外,类似笔筒、几座、提篮的小件在南通民间的存世量也巨大。这是南通乃黄花梨家具主要产地的又一佐证。因为黄花梨属珍稀木材,工匠们不可能有意将大料剖开来专门制作小件。我们可以想象,当年,那些惜木如金的南通工匠在制作黄花梨家具时,看到散落在地上的黄花梨料颇感心疼,于是捡拾起来,做成了笔筒、几座,并把大一点的料拼成了提篮、承盘,而他们也因此赢得了一个美名——"木秀才"。

　　经过长期的实践和训练,南通工匠的手艺和审美眼光都突飞猛进。现存的许多柞榛家具的制作者应该就是当年制作黄花

江海柞榛家具博物馆内景

梨家具的师傅,至少也是那些师傅的传人。这使他们在制作柞榛家具时,习惯性地采用了"黄花梨工"——当用心时用心,不当用意时用意。

然而,在很长一段时间内,伴随着时光的流逝、世事的变迁,曾经风华绝代的南通古典家具制作竟呈日渐衰败之势。这不免让人感叹:东风无力,冷月无声,无可奈何花落去,一山一山歌不同。

所幸的是,近年来,南通涌现出了一批致力传统家具制作技艺传承与创新的工匠、大师。精细木作制作技艺省级传承人、江海柞榛家具博物馆长严德清便是代表人物之一。正是因为有了他们的努力,柞榛家具在经历了多年的沉寂之后,才再次引起了人们的关注,而且"柞榛木出自南通"已成为业界的定论。

几百年来,柞榛家具像一位隐士,或隐于村庐,或隐于市井,"养在深闺人未识"。今天,那些当代"木秀才"们将它重新展示在世人面前。我们发现,在那些家具上,古人所营造的清新秀丽的神韵还在,文人与工匠们所共同构建的风雅还在——在这个喧嚣的现代都市里,它们依然能够撩拨起人们心中那根最动情的弦。

江苏留韵金丝楠木艺术馆

千年的金丝楠木会唱歌

金丝楠木是一种珍贵的木材,自古就有千年不腐、贵比黄金之说。一块珍贵的金丝楠木,经过能工巧匠的精心雕琢,华丽变身为一件家具,但其废弃的木屑和边角料,除了当柴火烧掉外,还能派上其他用场吗?答案是肯定的。江苏留韵古金丝楠艺术品有限公司科研人员经过连续两年的攻关,成功从金丝楠木下脚木料中萃取出弥足珍贵的精油。经专家鉴定,这种精油具有广谱的医用价值。最近出版的南通大学学报报道了它的医学成果。这个奇迹,就发生在位于唐闸西市街的江苏留韵金丝楠木艺术馆。

馆主陆斌是江苏留韵古金丝楠艺术品有限公司董事长、国内金丝楠木行业领军人物。他和团队深耕金丝楠木建筑、家具和木雕艺术,将精湛绝妙的工艺和别具匠心的设计理念融入每一件作品,以创新的现代工艺方法打破"自古阴沉木不做家具"的技术束缚,真正做到了"推陈出新,古为今用"。近年来,陆斌和他的团队创作了古色古香的盐城大洋湾金丝楠四合院、古金丝楠巨型木雕《富春山居图》,生产的精美金丝楠木家具中部分被国家博物馆收藏,广受海内外人士好评。其中,多款"古阴沉金丝楠"作品参加了由中国艺术研究院、中国非物质文化遗产保护中心主办,中国国家博物馆和中国艺术研究院中国工艺美术馆承办的首届中国当代工艺美术双年展,并获得多项大奖。

作为一家研发、生产金丝楠木的民营企业,江苏留韵古金丝楠艺术品有限公司在生产过程中会产生大量废弃木屑和边角料,而这些木屑和边角料以往只能当柴火烧掉。每每看到大量木屑被废弃,陆斌心里十分心疼。

金丝楠木为樟科桢楠属树种,素有"国之栋梁"之称,有特殊芳香,自古就有"楠香寿人"一说。陆斌翻看古籍医书时发现有不少楠木入药的记录。北宋医家唐慎微所著的《证类本草》卷十三中记载:"楠木枝叶味苦温、无毒,主霍乱,煎汁服之。"《本草纲目》中也有"足部水肿,削桢楠、桐木煮水泡脚,并饮此水少许。每日如此,直至病愈"的记录。金丝楠木的药用价值触发了陆斌的灵感。两年前,他在四川金丝楠木产地考察完后,就和好友周云峰购买仪器进行研制,并在公司新建了萃取车间。他们查阅了大量资料,反复进行试验,组织科技人员突破一个个技术和工艺难关,在与南通大学基础医学研究室核受体与肿瘤研究实验室课题负责人、病理学和病理生理学专业硕士研究生指导教师、干细胞分化调控研究方向博士研究生指导教师江明教授和江南大学食品学院王兴国教授等专家的携手攻关下,一举获得了成功。

用金丝楠木制作的乐器

用金丝楠木乐器演奏乐曲

让千年的金丝楠木发出天籁之音,这看上去是个不错的梦想,而陆斌将这个梦想变成了现实。

走进江苏留韵金丝楠木艺术馆,时常会听到悠扬的音乐声。它们出自一种神奇的乐器——金丝楠木乐器。钢琴、提琴、吉他、贝斯、古筝、古琴、月琴、古瑟、二胡、琵琶、马头琴、三弦、柳琴、冬不拉……在这里,但凡能想到的中外乐器,你几乎都可以找到它们的影子。

历史上,楠、樟、梓、楠并称"四大名木",而以楠木为首,足见人们对楠木的喜爱程度有多高。金丝楠木质地温润柔和,纹理金光闪烁,木质坚韧耐腐,散发着古朴蕴藉的独特木香。明清时期,朝廷均禁止非皇家建筑使用金丝楠木,金丝楠木堪称皇家专用木材。

然而,古往今来,从来没有人用金丝楠木成功制作过乐器,根本原因就在于没能攻克其易开裂的难关。作为国家非物质文化遗产传承人,陆斌通过跨界钻研,成功制作出系列金丝楠木乐器,其中,金丝楠木钢琴还得到著名演奏家郎朗的首肯,实现了"帝王之木"与"乐器之王"的完美结合。

仔细端详馆内的每一件金丝楠木乐器,每一件都金光闪闪,散发着淡雅的幽香,其天然的纹理变化令人赏心悦目,加上独特的音质,更符合中国文人的审美观——低调奢华。来自全国各地的来访者,无不对金丝楠木乐器所展现出来的听觉、视觉、嗅觉、触觉的独特韵味赞不绝口。著名音乐学家、非物质文化遗产保护专家田青参观该馆时说,金丝楠木乐器真正做到了用中国元素讲述中国故事、传播中国声音。

金丝楠木乐器承载了精雕细琢、精益求精的工匠精神,将乐器的实用性和艺术观赏性完美结合。其巧夺天工的造型、独特的音质,使之成为极具收藏价值的艺术品。目前,陆斌打造的"楠之韵"系列金丝楠木乐器已拥有6项国家专利。

名贵珍稀的金丝楠木材质,古老的浮雕烙彩工艺,加上名师制作、高端定制、纯手工打造,使这家艺术馆展出的金丝楠木系列乐器引起了社会各界的广泛关注。

陆斌的愿望就是,把张謇当年开创的中国民族工业基地——唐闸老镇建成中国金丝楠木乐器集散地,让承载着中国传统文化的工艺品流芳百世。

一花一世界,一木一重天。金丝楠木,一种神秘而高贵的存在,承载了中国几千年的文化。在江苏留韵金丝楠木艺术馆内,每一件金丝楠木作品都凝集了中国符号,是对中华民族五千多年文化的传承。穿越幽远的时空隧道,金丝楠木光辉依旧,其稳定温和、历久弥新的"木性"与中国传统文化所追求的"内敛平和、恬淡虚泊"的高贵精神契合无间。

难怪馆主陆斌不止一次地说:"金丝楠木,在我眼里,不是木材,而是文化。每每面对,我都充满敬畏之情。"

清弦小筑,聆听梅庵古琴的雅韵

"茶映盏毫新乳上,琴横荐石细泉鸣。"这是书于清弦小筑门口的楹联,出自陆游的《雨晴》。诗里的冲淡之趣,你在这个小筑中也能够体验到。

清弦小筑隐逸于唐闸河东汤家巷里。穿过曲折的巷弄,就能邂逅这座古雅的庭院。在这里,你可以暂时忘却生活的琐屑与奔劳的疲惫,煮茶听琴,陶冶性情,来一场精神SPA。

清弦小筑于2018年6月开始营业，囊括了古琴、茶艺、苏绣等几个类型的文化体验，致力弘扬国艺，打造新型的古镇文化空间，为古典文化爱好者提供学习和交流的平台。

其主人的古琴技艺师承梅庵一派。梅庵派是民国初年时崛起的一个新兴流派，因此现代性很强，一改传统琴乐的审美观念，强调古琴音乐的艺术性，重视演奏技巧，突出旋律之美。《梅庵琴谱》特意标明节奏，是第一本给琴曲点拍的琴谱。梅庵派整体风格流丽缠绵，吟猱幅度较大，吟取韵致，猱取古劲，将清微淡远与鲜活律动融为一体。

《平沙落雁》是这一派的代表性曲目之一。这支古曲有多种流派传谱，而梅庵派传谱的特色在于后加的"雁鸣"一段。该段为王燕卿先生所创，模仿群雁此呼彼应、飞鸣宿食之声。有幸在清弦小筑听到南通梅庵琴社的成员弹拨此曲，也是一件雅事。一把生漆杉木的仲尼式古琴，一杯热气氤氲的清茶……身着长裙的长发女子端坐几案前，素手轻捻，丝丝入扣的琴音让人仿佛真听到了江畔雁鸣。

梅庵派古琴后继有人

清弦小筑

站在屋檐下看雨脚如线,次第滴落,隔绝了一切喧嚣,只剩雨声淅沥。院中绿植摇曳生姿。一只瓢虫爬上白净的墙面。室内有学生在上古琴课。多一门才艺,总能给生活添加更多的乐趣。

大隐隐于市。清弦小筑就是一片隐匿在都市之中的小型桃花源。闲暇时你不妨与好友同往,到此处坐坐,谈天说地、共话温凉,慰藉风尘仆仆的心灵。喜爱孤独的人亦可只身前来,静对一把琴、一盏茶、一溪云,享受独处的安谧时光。

陆家锣鼓，
民间打击乐激荡了二百年

多年以前，南通城里大凡有庆典活动，总会有一面直径达两三米的大鼓到现场助兴，那是南通冶厂锣鼓队的乐器。从那高亢铿锵而又深情款款的节奏中，内行的人能听出，这风格属于盛行于唐闸一带的陆家锣鼓。

大约在清嘉庆年间，苏州阊门外的陆胜富迁徙到港闸地区落户，祖辈便酷爱敲锣打鼓的他将"苏州十番锣鼓"的鼓谱带到了南通。光绪三年（1377年），陆胜富的后人陆长松、陆长贵、陆长发三兄弟置办了鼓、锣、小堂鼓、钹、小钹"五件头"打击乐器。他们一开始敲打的是"七记头""走马锣鼓""七五三二一"等比较单一的锣鼓谱点，后来，他们在与苏州老家宗族亲人的交流中，逐渐实现了江南、江北锣鼓谱点的碰撞与融合。

传承至陆长松次子陆锡泽时，他吸收了本地人的锣鼓新谱，如"蛇脱壳""串枝莲""汉板"等，由此翻新发展成了具有自己的词汇、语法和结构，可以"自己说自己话"的"陆家锣鼓"。

与其他锣鼓音乐一样，陆家锣鼓演奏时阳刚雄壮，曲式回旋，且具有鲜明的群体性。所不同的是，陆家锣鼓在敲打时以小件

陆家锣鼓引发媒体关注

为领音器，使锣鼓混响能够达到多声部和谐敲奏的效果。而且因为有小件"文敲似水"的介入，其在粗犷激昂之中见细腻柔情。与此同时，陆家锣鼓还吸取了南通本地道教音乐、僮子音乐的长处，并加进了许多肢体动作以助声威。

陆家锣鼓既带有浓重的苏州水乡味道，又带有鲜明的南通平原情调，它可以敲打出音度高强粗犷的节奏，也可以敲打出精细悦耳的调谱，甚至还有表达故事发展和人物心理变化的叙事功能。

作为吸收了江海文化元素、凸显南通地域个性艺术风格的打击乐，随着陆氏族人的繁衍生息、人群迁徙、职业演变，陆家锣鼓不仅被扩散到了周边的农村、城镇甚至南通全境，而且被带回了老家苏州及江南沿江一线。

陆家人丁兴旺，锣鼓家传不断。农耕时代的南通地区，尤其是港闸周边的娱神、祭祀活动，以及出庙会、消灾会、记名法会"三会"中均会出现陆家锣鼓的身影，民间节日、婚丧、喜庆、祈福仪式也会有陆家锣鼓这项程序安排。盛大活动中有"头班锣""二班锣"的区分，而陆家锣鼓往往被冠以"头牌"之美誉，一直处于兴盛不衰的状态。

20世纪70年代，陆家后裔中的"镜"字辈堂兄弟十多人组建了锣鼓队，长一辈的"锡"字辈也参与其中，在十里八乡很是轰动。此后，陆家锣鼓的器乐中又增加了板鼓、大钹，且挂锣用的"龙胆"雕饰龙头凤尾，行进中的演奏还专设披红挂绿、张灯结彩的"锣鼓棚"，一时风光无限。

作为首批被列入南通市级非物质文化遗产名录的项目之一，陆家锣鼓已经传承了200多年。它是江南文化与江海文化优势基因碰撞与融合的产物，在锣鼓技艺传承中是南北兼收并蓄、包容互通的见证物，是江南、江北民俗风情互相接纳、追根溯源的活化石。

那么，就让我们走进唐闸，再次聆听那来自两个世纪前的古老节奏吧。

板鹞,千年之后风继续吹

唐闸一带先民的生活中,有个看不见的好朋友,那就是风。不管时代如何变迁,风都一直在吹。如今,我们走在通扬运河边,听风在耳边讲述那过往的故事,也是一种惬意的享受。

风能吹熟稻子,也能吹响风筝的哨鸣。只是,在这里,风筝不叫风筝,它有个土味又新奇的名字——板鹞。

板鹞为什么这么有名?悠久的历史当然是一个原因。

唐闸当地有俗谚说:"鹞子满天飞,家家有得收。"在唐闸先民的生活里,放飞板鹞是生活的一部分,也是一件大事,更要有"仪式感"。

南通是中国风筝四大产地之一,而唐闸的风筝更以优美的造型、精巧的设计和奇特的音响闻名遐迩。以前的闸东乡风筝代表队曾多次参加海内外风筝大赛。民间风筝艺人陆宝如、陆汉德制作的七联星哨口板鹞,高4米多,被国内同行标为"风筝王"。

从前,这里的老乡放飞板鹞前,要将板鹞供在堂屋里,香烛纸马,恭敬如仪。放飞时要由一个身强力壮、经验丰富的老手作"头把手",带着十几个人拉绳,还有一组人扶着风筝,叫"丢"。风筝如一飞冲天,人们则欢声雷动,认为这预示着一年的丰收,万事如意!他们认为风筝上的哨鸣可以震天地,震慑妖魔。若板鹞断线、摔落或掉在别人的房子上则是大不吉,是"不顺遂"的事。此时人们就要烧利市,磕头上香,然后把板鹞撕碎丢入河滩或坟地中。

当然,这毕竟有些迷信的味道在其中,是旧时的风俗。而先民们如此看中放飞板鹞,表明它一定是有特别作用的。

1971年,唐闸西北十八里河口出土的一个墓葬碑刻告诉世人,此地的历史至少可以上溯到千年前的残唐五代。碑刻上"司煮海积盐,磋峙山岳,专漕运,副上供"的字样,印证了当年南通的海盐已通过古运盐河联通大运河漕运系统,被运送到全国各地,也印证了唐闸所在的地区就是当年南通数大盐场之一。

在盐业生产中,"晒盐"是很关键的一道工序。为了避免盐被雨淋湿,

南通民间艺人制作板鹞

　　盐民们就放板鹞,通过听哨声、看风向来判断天气变化的趋势。哨声的变化可以提示高空大气中的湿度。民谚有"东风急,雨打壁""鹞子口声急,明朝雨打壁"等。一旦发现有下雨的迹象,盐民们则马上收盐以免遭损失。

　　渔民在出海前,也要放板鹞。将板鹞放上高空,以观察高空气流的平缓湍急和气流方位的变化,通过板鹞哨子声调的变化推测空气的湿度,以此作为判断气候变化情况的重要依据。

　　先民们放飞的板鹞中,有一款六角形板鹞。这款板鹞的左右两个角上各扎有一面小旗子。板鹞飞上天空后,先民们可以从小旗的摆向和飘动的急缓程度来判断风的方向和风力的大小。这种板鹞被当地人称作"顺风旗"。

　　这么说来,板鹞就是一个迷你气象站啊!

多姿多彩的南通板鹞展

　　这里还有个小知识要告诉你：与北方的纸鸢相比，板鹞要重许多，放飞的难度自然也大。那么，南通人放板鹞有什么诀窍呢？

　　南通地处江海之滨，一马平川，多大风，尤其是东南风，适合放飞重型板子类风筝。从风的原理看，江海平原的风属于海风，风量、风速、风力相对匀称，对板鹞上天后的平衡性、稳定性起着决定性作用，而这些优势是山风、谷风、陆风所不具有的。

　　到了现代社会，板鹞的旧时功能早已不在了。现在，板鹞已经从生活工具变成了娱乐消遣品，更是一件艺术品，逐渐被发扬光大。

　　南通文化独树一帜，呈现着江海文化的特质，南通板鹞制作技艺也因此被列入了第一批国家级非物质文化遗产名录。如今，南通板鹞的放飞已经演变成一项体育和娱乐活动。那清脆的哨声在世界各地的天空中唱响，给更多的风筝爱好者带来愉悦之情。

一壶花露烧,醉美唐家闸

"不饮花露烧，就不算真正来过南通。"这句话如今在本地被叫响了。不少外地朋友都听说过，南通有一款叫"花露烧"的酒；更有亲身试过这酒的，不知不觉就迷失了自我，于半醉半醒之间记住了这个妖娆的名字。

　　花露烧，风花雪月的"花"，雨露滋润的"露"。仅这如诗般雅致的酒名，就会让爱酒之人浮想联翩。其实，花露烧里没有花，也没有露，就只有酒。江南的诗人车前子、张羊羊都写过关于南通花露烧的文字。他们多半是被这酒名蛊惑，又饮出了些故事，于是笔下便生成了关于花露烧的软文。

　　花露烧不是一个酒的品牌，而是一种酒的类型。这是一种有意思的酒。它被称为南通先民独创之佳酿（其实未必）。"老南通"将"米酒"称为"露酒"，在酿制米酒的基础上，用烧酒混合酿出了这个酒品，而南通方言称"混合"为"花"，故此酒得名"花露烧"。大家请注意，在这里"花"是一个动词。

　　这样说来，你对花露烧的"核心秘密"有点掌握了：它是米酒和烧酒的完美混搭，披着米酒的外衣，不动声色地暗藏着烧酒，在延续着甜蜜甘醇口感的同时，醉意在悄然积累。不明真相的外地豪客有时会因它"着了道儿"，从而称之为南通的"深水炸弹"。其中，有些视高度白酒若等闲的北方大汉，偏偏难敌这温柔一刀。

　　花露烧的神奇在于它的酿制方法突破了传统"一酒一酿"单一酿造技术的限制。它是以米糟加入酒曲进行二次发酵后蒸馏出来的米烧酒。花露烧出自南通民间，过去是由自家酿造，珍藏数年，多为尊贵的客人准备。没想到这款神奇的私房酒，却登上大雅之堂，成为南通的酒中名品。

　　要说南通在历史留名的酒，还真不算多。清代才子、美食达人袁枚在《随园食单》的"茶酒单"末尾提到了通州枣儿红，不过是将之作为被山西汾酒比下去的"不入流品"。倒是小说家李汝珍对酒文化认识颇深，他在魔幻小说《镜花缘》第九十六回里，顺手列出了一张天下名酒的榜单。55种酒里，南通州雪酒赫然在列。李斗《扬州画舫录》里也写道："土酒如通州雪酒……皆为名品。"到了晚清，南通凭借状元张謇原创的颐生酒，在1906年米兰万国博览会上摘取了中国酒类的世博会第一金。

　　讲到这里，还没有讲到唐闸花露烧？不急，快了，已经说到张謇了。

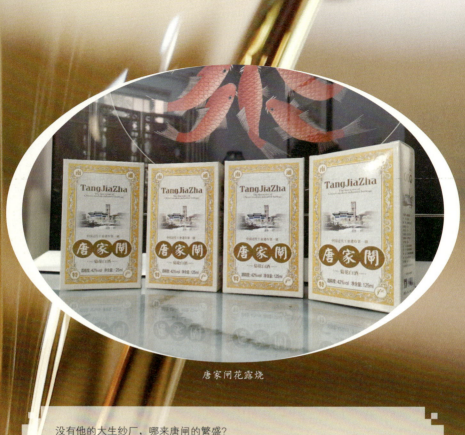

唐家闸花露烧

没有他的大生纱厂,哪来唐闸的繁盛?

唐闸老镇向有"无酒不成筵席"的古朴民风。四乡农家十有八九会酿酒,而自酿的花露烧就是其中的佼佼者。随着近代工商业的兴盛,唐闸的制酒业取得了长足进步。20世纪20年代,唐闸镇上有名的酿酒作坊有13家,上规模的集中在休闲福地河东区。规模最大的万丰顺,一次收购酿酒原料就要开动七八条米船轮队。其他如张杰记、鼎盛和,皆为唐闸酒业中的老字辈。

应该说,花露烧在唐闸老镇一批批产业工人中并不流行。花露烧必须是纯手工制作，酿造周期较长，一年的产量不会很多。下班"打拼伙"的工人，只要有点猪头肉、花生米，酒的消耗量是惊人的。海碗比拼的不是如皋的黄酒，就是本镇产的白酒，哪有闲工夫去理花露烧。

到了当代，集南方婉约与北方豪迈于一身的南通人，蓦然回首，发现在民间传承了数百年的花露烧，竟将黄酒与白酒两大门派绝学熔于一炉。这酒既有江南米酒之绵柔，又蕴北方烧酒之刚劲。一句话，这壶好酒"最南通"。

南通做花露烧的人很多，下狠心将花露烧做成精品的却并不多。在唐闸老镇上土生土长的姚锦林就是这么一位痴心不改者。他已经过了有精力去折腾的年纪，也无须靠这种酒来证明什么，但近年来，老姚致力南通本地酒品牌的挖掘和推广，他的团队打造出了"金狼山"桂花酒等系列产品，率先打破了南通旅游纪念品市场上无酒可推的局面。对于在老家开发唐家闸花露烧，老姚几乎是不计成本就行动起来了。

2020年6月3日，唐闸古镇伴手礼发布会在景澜酒店举行，唐家闸花露烧作为主打产品与来宾、游客见面。在推介此酒时，唐闸酒业的顾问告诉大家，花露烧的做法其实很难说是南通独创，丹阳的封缸酒、绍兴的香雪酒，包括南通北部的扣陈酒、糯米陈酒，都有类似的工艺。不过，也就是本地花露烧成了这类米烧混合酒中的代表，这是因为南通人将个中技艺发挥得炉火纯青。

一壶上佳花露烧的酿制，从选材到下料、蒸煮、摊晾、发酵、取酒、窖藏，每一个环节，都独具匠心。虽然发酵期只有三个月，但窖藏需要两年以上，才能完全形成花露烧的独特风味。这样的花露烧，开坛之时，色如琥珀，香气宜人，味道甘甜。

唐家闸花露烧，原来已经酝酿许久。这样的一份唐闸礼物，你可以带回家细品慢酌，或者不妨就在古镇的夜色里，为相遇畅饮。

八碗八，

一桌江海菜，喜迎八方客

南通地处江海交汇处，水网密布，物产丰饶。以此得天独厚的自然条件为基础的江海菜，亦称南通菜。南通菜的集大成者，莫过于"八碗八"。在南通，有人请你吃"八碗八"家宴，若不是亲戚的话，就是把你当成最尊贵的客人来对待了。

"八碗八"是南通传统宴席的一种简称,表明了古代通州人宴请宾客的一种菜谱规格,它代表了一套完整的南通乡土菜式。"八碗八"是家庭团聚的象征,也是对宾朋热情款待的一种方式。当年的唐闸,因工商业繁兴而被誉为"小上海",饭庄林立,宾朋满座,"八碗八"则成为唐闸人招待远近朋友的重要礼数。

摆开八仙桌,端上"八碗八"

头菜　　　　　　　　　　滑炒鱼片

三鲜杂烩　　　　　　　　香芋扣肉

　　所谓"八碗八",即八大盘、八大碗。八盘菜又分四冷碟、四热炒。一盘一碗看似寻常,却透露出南通人的心思和精致。总数"十六"取"十全十美"加"六六大顺"之意。菜品的"四冷四热",又暗含"四面八方""事事如意"之意。"八盘八碗",近年来更增加了"发了又发"的吉祥寓意。八大碗菜没有特别珍稀的食材,却能把本地出产的畜禽水产二十几种食材汇于一宴,将酸甜咸鲜多味集于一席,凝聚着南通人的生活艺术。

一桌"八碗八"体现出南通乡土菜的精华。在食材选用方面,"八碗八"坚持就地取材,且材料新鲜、鲜活。河鲜、海鲜类菜肴和家畜、家禽类菜肴都坚持以新鲜肉入菜,有"醉蟹不看灯,风鸡不过灯,刀不过清明,鲥不过端午"的严格把控要求。"八碗八"在烹调上讲究火功,采用炖、焖、煨、焐、蒸、烧、炒、跳等,菜肴酥烂脱骨而不失其形,滑嫩爽脆而不失其味。南通名菜"天下第一鲜""虾仁珊瑚""清烩鲈鱼片""清炖狼山鸡"等菜品,都是从过去"八碗八"的菜式中提炼出来的。在味道方面,江海菜极重视调汤,讲究原汁原味、鲜美爽口,淡雅嫩滑,适应面广,浓而不腻,淡而不薄,有"一物各献一性,一碗各成一味"之说。

　　"八碗八"现为第四批南通市级非物质文化遗产项目,其传承人就是在唐闸老镇出生、成长的中国烹饪大师张继华。张继华成立了烹饪名师工作室。工作室成员深入民间,走访老厨师,收集资料编制成册,为传承"八碗八"制作技艺奠定了基础;同时完善新老工艺的结合,研发符合现代人口味的新品种,推动了江海菜的发展。

　　在2013江苏国际餐饮博览会暨第四届江苏乡土风味烹饪大赛中,"八碗八"荣获团体赛金牌奖,并被中国饭店协会认定为"中国名宴",被江苏餐饮行业协会认定为"江苏特色名宴"。在2017全国蒸菜烹饪技能大赛中,"八碗八"荣获"蒸菜推广宴席"。在江苏大运河美食嘉年华名宴名菜评比中,"通城八碗八宴"获得"大运河美食名宴"的殊荣。2019年3月,南通还举办了"八碗八"制作技艺培训班,让这一南通餐饮的老手艺得到更广范围的传承。目前,张继华大师正筹划在家乡唐闸镇重现"八碗八"的辉煌,让前来参观旅游的朋友能尝到地道的江海菜。

　　摆开八仙桌,放上八大碗、八大盘,坐上八个人⋯⋯南通人的朴实、大方、好客,在"八碗八"中代代相传。

猪头肉,一道绝佳的下酒硬菜

　　猪头肉，在人们的印象中难登大雅之堂，被认为是属于草根阶层的食物。事实上，它早就是淮扬菜系中的一道名菜，上得了正式台面。南通菜是淮扬菜系的分支，对猪头肉的做法是很考究的。如今，"吃货"们早已将一口地道的美味猪头肉视作心头之好了。

　　一般来说，猪肉的肥瘦是有边界的，上品如五花肉更是层次分明。而猪头肉妙就妙在炖烧火候的神奇化解大法，使猪肉的肥瘦部分失去了界限，完全没有瘦肉的柴味与肥肉的腻味，有的只是两者交融后的丰腴甘美。

　　蘸水只需一勺秘制的鲜酱油和几颗拍碎的雪白鲜蒜头。夹一筷子猪头肉没入其中，片刻提起，入口慢嚼，顿时惊艳了味蕾。肥而不腻、脂香四溢的猪头肉，搭配清冽的烧酒或者清甜醇厚的米酒来吃，最得大碗喝酒、大口吃肉的畅快。这是真正属于市井人生的平凡幸福。

芦泾港猪头肉

这猪头肉要做得好有些什么诀窍呢?有大厨给出了经验之谈:首先,猪肉的品质得好,且猪头得清理干净,一根猪毛都不能剩,猪皮褶皱里一点污迹都不能有。其次,炖煮的火候得掌控好。炖的时间不能太短,不然脂香溢不出,肉嚼起来费力;炖的时间也不能太长,不然酥烂得切不起,在口中就失去了咀嚼的快感。再次,卤料的配方调制要恰当,既不能下得太轻,否则就不能化解猪肉的腥味;又不能下得太重,否则就会压过猪肉本身的鲜美。最后,切工要好。烹制成功的猪头肉须切得厚薄适中,因为厚了影响咀嚼,薄了吃起来不带劲。唯有切得恰到好处的厚度才能尽现猪头肉之真味。

要说本土猪头肉哪家强,南通人可以列出一个长长的好吃猪头肉榜单:芦泾港猪头肉、十里坊猪头肉、观音山猪头肉、兴仁猪头肉、海安徐二猪头肉、如皋搬经猪头肉等。其中,市区的好猪头肉都在唐闸附近。

芦泾港原为贯通长江、连接内河的天然老港。江堤的水闸旁曾有一座"世外桃源"叫芦泾港镇。随着唐闸近代工商业的崛起,相邻的芦泾港成为一个热闹的去处。沿堤店铺林立,茶馆旅邸相连,日落后灯火辉煌,一片繁荣。芦泾港一带制作猪头肉有绝活,其中一个村就有150多家做卤猪头肉,在南通口碑特别好。通城随处可见挂着芦泾港猪头肉招牌的店家和摊位。

猪头肉在唐闸一带走红不是没有道理的,它算是一道绝佳的下酒硬菜。对于需要抚慰舌尖的工人来说,猪头肉甚至比驰名的唐闸牛肉更适合他们的工余小聚。过去的猪头肉价格便宜,吃起来又爽口,再搭配花生米、煮烂豆,随一壶老酒下肚,这就是人生赢家的感觉。

南憩亭猪头肉也有些名头。南憩亭是当年大生的厂方为工人下班休憩而设立于路旁的亭子,现已不存。南憩亭猪头肉应该是附近芦泾港猪头肉的分支。它出现在工人下班的必经之地,从侧面印证了猪头肉在唐闸民间走红的事实。同样的道理,运河另一侧的十里坊过去是河东工人上下班的落脚点,而十里坊猪头肉能够跻身排行榜,少不了大生系员工的热捧。

如今,随着"二师兄"身价的飙升,猪头肉反而逆袭上位,卖得比其他猪肉还要贵。但是,作为一道正宗的民间土菜,人们已经没法忽视它的存在了。在南通不少餐饮名店的菜单上,猪头肉的地位已经不可撼动。

当然,猪头肉是个大概念,猪耳朵、猪舌头这些"配件"也是食客们喜欢的。尤其是猪舌头,南通人为了避免"折"的联想,给它起了个吉利的名字"猪赚头"。这样一来,逢年过节的餐桌上就少不了它了。

"草鞋底",踏破铁鞋难觅的好茶食

有一种说法,要判断一个人是不是老南通,问两句就行:"吃过冷蒸吗?吃过草鞋底吗?"要是他把青团当作冷蒸,把烧饼当作草鞋底,那就彻底露馅儿了。

"草鞋底"是一种出自南通民间的烤制面饼。因为其椭圆的造型,加上烘烤后两头微微拱起,看上去就像草鞋底子一样,旧时乡人就给它起了这么一个名儿。

"草鞋底"与烧饼的差别,不仅仅是椭圆形与圆形那样简单。烧饼必须热口吃,刚出炉时,就散发出葱花、猪油、麦子经过高温炙烤后产生的销魂香味。咬一口,酥得掉屑儿和芝麻粒。烧饼冷吃,会难以下咽;热一下再吃,又软炌炌的失去了脆劲。

熔南通民间美食、智慧于一炉的"草鞋底"则完全摆脱了食用时效的限制。新鲜出炉的"草鞋底"口感固然不错,不过冷食更有风味:软而不潮,松而带韧,越嚼越香。一口咬下去,咸中带甜,伴随着芝麻的清香。这味道已非寻常烧饼可比。

正因为适合冷食和存放,所以过去它是老百姓的爱物,既可当点心,又可当救急的干粮。一早出门远行,来不及吃早饭和午饭,怀揣两个"草鞋底",一天到晚都不怕。

"草鞋底"的制作原料与烧饼的略有不同,面粉、素油、一点盐、一点糖。口味基本以咸为主,稍带点甜。"草鞋底"一面贴芝麻,另一面光,里面不放馅儿,只夹点葱花。别看食材简单,越能把简单的食材做出地道的滋味,就越能看出手艺与人心。水面的比例,揉醒的力度,烤制的

"草鞋底"手绘图

"草鞋底"新鲜出炉

火候、油酥的程度,全在老师傅熟能生巧的拿捏之中。"草鞋底"口感上乘的秘诀在于对油酥程度的把控,因为油少了不酥脆,多了则腻人。目前主打的"草鞋底",除了咸香的外,就是咸甜混合的,南通人叫"甜夹臊"。

哪里的"草鞋底"最正宗,或者最好吃?南通人都知道,必须是天生港。天生港"草鞋底",这是一个固定的词组,听上去已经像一个地理标志产品了。在南通城里,一些大妈常常在路边摆个小摊卖"草鞋底",打的就是天生港的招牌。

天生港是当年张謇为发展实业开辟的长江港口,它与唐闸相距不远。张謇于1905年开辟的港闸公路,连接了天生港与唐闸镇,这也是这片区域统称港闸的由来。还是说"草鞋底"这食品,它在唐闸一直很畅销。以前有些工人为了赶时间,就到唐闸街边买几个"草鞋底",基本上能充饥。

天生港"草鞋底"源自天生港是无疑的。唐闸的"草鞋底"卖得不错,也有一些受欢迎的老店,比如公园一村南侧沿街的一家食品店,专做"草鞋底"已有二十余年。那里的"草鞋底"吃起来满是老南通味道。

最忆是舌尖上的唐闸老味道

唐闸大洋桥西南曾经有个菜市场，位置大约在现在的大南新村附近。在童年的记忆里，那是一个很大的菜市场——也许并不是很大，只是儿时的感觉与成年后的可能不太一样，而令人记忆深刻的是菜市场门口的"油癞巴"。

"油癞巴"是一种本地的面食。其制作的大概过程是，在稍加发酵的面团中揉入食盐和葱花，然后将面团搓成较粗的长条，再扯成一段一段的面剂子，最后擀成饼状放入注满菜籽油的大锅内炸。从它的制作工艺看，"油癞巴"和北方人做的油饼几乎没有什么差别，只是摊得更薄，炸得更脆。

苏州诗人车前子曾经在他的一篇文章里这样写南通的藿香饺："用青青绿绿的一枚藿香叶子圈点起胭脂般的豆沙，再用面粉怀抱，然后油炸得嫩黄。这嫩黄仿佛绢色，青绿的藿香胭脂的豆沙简直似一帧大宋的院体画了，要多高贵就多高贵。"

与藿香饺相比，"油癞巴"炸得要老火一点，颜色不是嫩黄而是金黄，所以说不上有多么高贵。而且因为酵母的作用，炸过的"油癞巴"表面会出现大大小小不规则的气泡。这些气泡很像蟾蜍身体上的疙瘩。蟾蜍的俗名叫"癞蛤蟆"，南通人叫它"癞巴"，"油癞巴"的称谓就由此而来。虽然模样有些粗陋，然而，在那些刚刚摆脱了饥饿的岁月里，它是唐闸人十分喜爱的一种美食。

在很多地方，点心和茶食是同一个概念，在南通却是有区别的。南通人所说的点心一般是指早点，出炉或出锅后须趁热吃；茶食则是可以存放，并且便于携带的冷食。"油癞巴"是冷热皆宜的，出锅即食则鲜香酥脆，冷吃则韧性十足。唐闸的老人们回忆，当年，很多纱厂的工人、码头的苦力早晨在附近买几只"油癞巴"，放到中午，就着白开水便当一顿午饭了。

记忆中，唐闸还有一种美味就是刨冰——一款类似现在冰沙的冷饮。

二十世纪七八十年代，杨家湾1路汽车站附近有一家群乐园饭店——这个店名不知道和民国时期唐闸著名的聚乐园菜馆有没有什么关联。这家饭店除了提供正常的餐饮服务外，最大的特色是冬天单卖牛肉粉丝，夏天单卖刨冰。多年以后，镇上的居民还记得，群乐园饭店的门是大块面的玻璃。在改革开放之初，这样的门面是有点新潮的。人们从外面经过，里面的情况就一目了然。

刨冰的制作很简单：将绿豆或赤豆煮到酥烂，冷却后连汤带水盛入一种带把手、有刻花的大啤酒杯内，然后把碎冰块扣在上面，再加上一大勺白糖。与冰沙不同的是，刨冰的冰是粗粒头的，嚼在嘴里"嘎嘣"作响。当时，在赤日炎炎的盛夏午后，花1毛5分钱来上这么一大杯刨冰，绝对是一种奢侈而惬意的享受。不过，儿时的我们可舍不得大口嚼冰，怕一下子就吃没了，总是用舌头在碎冰块上慢慢地舔呀舔，让那种清凉的甜味在口腔里尽量多做停留。

转眼间这么多年过去了，当年那些在菜场门口啃"油癞巴"、在杨家湾舔刨冰的孩子，对于美食却没有淡忘，相反，这些老唐闸味道时常在舌尖上徘徊，在脑海中萦绕。

其实，老唐闸的美味又何止这两种。炸得喷香的油端子、金黄酥脆的小馓子、劲韧有味的面疙瘩，还有传说中三牌楼的包儿，这些都在老唐闸人的记忆中挥之不去。如果我们能将这些老唐闸的美食重新拾起，那么到这里来旅游的朋友一定会对唐闸留下一段舌尖上的记忆吧。

刨冰手绘图

最是风流闸上人 肆

张謇,"闸上人"的领路者

张謇

说起近代南通,有一个人是无论如何都绕不开的。

他是清末状元,著名的实业家、教育家、慈善家。除了这些被公认的头衔外,他还是政治家、军事家、社会活动家、金融家。他是我国近代沿海开发的倡导者、中国大农业的开拓者、中国早期现代化的先驱。他是一个"集大成者"和"全能冠军",是林语堂所说的"不可无一、难能有二"的精英人物。

他就是张謇。

张謇出生于海门区常乐镇,晚年定居南通城内,但是,唐闸一带的先辈们还是将他视作"闸上人"的先驱。所谓"闸上人",专指生活于唐闸老镇上的居民。张謇在唐闸创立了大生纱厂。唐闸是他实业救国梦想的发轫之地。没有张謇,就没有唐闸一百多年以来的这段历史。他是后来无数逐梦而来的"闸上人"的领路者。

作为一个读书人,张謇经过26年的漫长跋涉,最终高中状元、大魁天下。如果张謇由此升堂入室,那么京城不过多了一个官员。然而,作为状元的张謇竟然"下海"了,而且是那么毅然决然。张謇远离官场并非出于文人的清高或英雄迟暮的消极,他以强国拯民为己任,将一腔救亡图存、振兴民族的爱国情怀书写在了那个风雨飘摇的时代。

张謇开了一个时代的风气之先。对他当年的业绩稍加盘点,我们就足以佩服得五体投地。宇宙无穷,人生短暂。一个人在有生之年做成一两件有意义、有影响的事已是难能可贵,然而,张謇的一生竟可以迸发出这么大的能量,取得这么多的成果,这足以令当时和后世之人深深震撼。

张謇的身上有着一种无法言说的伟大和光荣,他用一己之力对抗一个时代,用悲壮的追寻、一生的血汗书写了一个状元济世的生动案例。

张謇广场

张謇当时提出了"父教育、母实业"的救国主张。在宏观层面,他对教育和实业的关系认识得非常深刻,认为实业和教育是相辅相成的,应通过教育来培养人才,通过实业来发展经济、壮大国力——在20世纪初叶,这些观念是振聋发聩的。

话剧《张謇》剧照

张謇身上最可贵的是理性爱国的姿态。面对甲午战争的失败,张謇不抱怨、不激进、不消极、不悲观,一步一步去做,取得了实实在在的成效。

张謇的实业救国之路是从在唐闸创办大生纱厂开始的。"大生"二字源自《易经》中的"天地之大德曰生"。从这个名字上我们能够深刻地体会到张謇忧国忧民的情怀。他放弃仕途,不是为了追求个人财富,而是因为有着更为崇高的目的。

大生纱厂创办成功以后,张謇并没有止步,相反,他的实业救国梦想从两个维度快速而有序地展开:一是横向迅速扩大产业规模,二是纵向全力拉长产业链条。

由此,在20多年时间内,张謇先后创办了40多家企业,涉及棉纺、农垦、盐垦、机械、食品、交通运输、金融外贸、房地产、通信、电力、文化等不同领域。这些企业既独立经营,又在融资、人员派遣、原材料供应、产品销售、技术支持等方面相互依存、相互支持、相互补充,形成了一个以棉纺织业为核心的良性循环的经济体系。这是中国最早的跨行业、跨部门的民族资本集团,其规模远远超过了同时代的其他企业。这一切成就,就像张謇总结平生所办事业时所言,"皆以大生一厂为母本"。

张謇自号"啬翁"。的确,他对自己很是吝啬。1926年秋,张謇长眠在城市的南郊,下葬时仅有一根拐杖、一顶礼帽、一副眼镜、一颗乳牙、一束胎发陪伴。但是,对于建设公共事业他不遗余力,甚至散尽家财。

张謇认为,办一切事业都需要人才,人才的培养依赖于教育的发展,而"师范乃教育之母",因此,1902年2月,他在南通城外废弃的千佛寺内创办了中国第一所民办师范学校——通州民立师范学校,并亲立校训"艰苦自立,忠实不欺"。张謇一生办了370多所学校,从幼儿园到小学、中学、大学,从职业技术学校到聋哑学校、戏剧学校,几乎涵盖了教育的方方面面。

在实业、教育业上相继有成之后,1905年,张謇又兴办了南通博物苑。南通博物苑是中国历史上第一个公共博物馆,比故宫博物院早20年。后来,张謇又建了图书馆、医院、公园、公共体育场、剧院、养老院、残障院、贫民工场、栖流所、济良所等。他的这一系列举措让生活在那个积贫积弱年代的南通人几乎都能各有所依、各得其所。

为了办好这些公益和慈善事业,张謇不仅拿出了他在企业的大部分工资和红利,还欠下了一身债务。在他的晚年,面对大生集团的每况愈下,他至少7次在报纸上刊登卖字广告。状元卖字,这在中国历史上恐怕也是独一无二的。

正如张謇自己所说的那样:"天之生人也,与草木无异。若留一二有用事业,与草木同生,即不与草木同腐。"无疑,张謇的一生是不朽的,因为这个世界曾因他的出现而变得美好。他不仅给后人留下了不朽的事业,还把他终其一生所追寻的光荣与梦想留给了南通,留给了未来。南通人将永远铭记他的功绩。

闵氏家族,一门几代都是唐闸名片

当年的闵家大院,已成游览胜地

　　走在河东老街上,一座充满近代范儿的唐闸印象馆向人们展示着老镇的发展脉络、历史地位和人文风情。在这里,你可以感受到唐闸人一路走来的艰辛和坎坷,也能了解到"近代工业第一镇"曾有的辉煌与骄傲。

　　事实上,这座展览馆古旧的建筑群本身就是历史的见证。它见证的是一个家族由中落到崛起的筚路蓝缕的风雨历程。

　　这座建筑群曾经是唐闸最著名的宅院之一。当年,拔地而起的三层粉墙黛瓦小楼是唐闸河东最为显眼的制高点,而围绕小楼的宅院在中华人民共和国成立后则是古镇的行政中心。在百年时光里,它一直是大洋桥畔最耀眼的历史地标。

物理学家、中科院院士闵乃本

宅院的第一代主人名叫闵开三,祖籍如皋石庄。早年他曾效仿同窗好友沙元炳,举资在家乡拆庙兴办现代学堂,但此举竟遭到乡民的诋毁与强烈反对,以致家舍全部被烧毁。1905年,在老家无法立足的闵开三携家眷投奔在唐闸广生油厂主持厂务的沙元炳。在沙元炳的帮助下,闵开三置地建房,办起了河东街上第一家商号——闵家杂货店。

不能不说闵开三是一个经商天才,经过十几年的苦心经营,便成为富甲一方的商人。后来,闵开三热心于地方教育事业,与张謇兄弟共同创办了唐闸实业公立艺徒预教学校(现为港闸区实验小学)。

其实,闵开三也是书香门第出身,因科举无名才投身商界,因此,他十分重视对子女的教育,这使他的子女们均有所建树。

闵开三长女闵之完,擅长书画,是通州女子师范学校的第一届毕业生,是南通近代中国画名家,作为高安九的夫人,她曾是河东红楼的女主人;次女闵之宜,饱读诗书,学识渊博,在平潮创办了凤尾桥小学并担任校长;长子闵之安,毕业于南通学院纺织科,才华横溢,可惜不幸英年早逝。

闵氏第二代中在唐闸的成就最大的当为次子闵之实和三子闵之寅。

闵之实,字仲辉,毕业于北京大学,后在美国芝加哥大学学习,获工商管理学硕士学位。1924年回国后,继承父业,创办了和丰油坊,次年又创办了唐闸镇上第一家私人银行——汇通银行。后来,闵之实还担任了唐

闵之寅在北大的毕业证书

闸实业公立艺徒预教学校校董、复新面粉厂董事、广生油厂经理以及大生纱厂和大达内河轮船公司的股东。和张謇、张詧等一样,他也是唐闸近代化进程的重要推手。中华人民共和国成立以后,闵之实曾担任南通市政协委员。

闵之寅毕业于北京大学经济系,曾留学美国芝加哥大学与哥伦比亚大学,获美术史系硕士学位,回国后先在南通学院纺织科担任劳工经济学教授,后任南通私立实业敬孺中学副校长,曾出版著作《春深了》和他的恩师蔡元培为之作序的长诗《仙的喜剧》。

江山代有才人出。闵氏第三代依然在中国历史上书写了各自的辉煌。

在中华民族的危急时刻,闵乃一投笔从戎,考取黄埔军校,于第十六期毕业后,从四川出发奔赴抗日战场。2015年,作为抗战老兵,他荣获了中国人民抗日战争胜利70周年纪念章。

从敬孺中学走出南通的闵乃世,是中国第一代天文馆工作者。1975年,在一个晴朗的夜里,他仰望星空,发现了一颗数百年罕见的天鹅座新星,并坚持观测了它仅出现4夜的爆发全过程,被誉为世界天文科普界的奇才。

闵乃本是一位在人工晶体研究方面成果卓著的著名物理学家。他起步于敬孺中学。1959年,毕业于南京大学物理系;1987年,获日本东北大学理学博士学位;1991年,当选中国科学院院士;2001年,当选第三世界科学院院士。曾任南京大学教授、材料科学研究所所长、固体微结构物理国家重点实验室学术委员会主任,江苏省自然科学基金会主任。

时光走过百年,闵氏家族始终遵循"诗礼传家、忠厚继世"的家训,良好的家风、家教从不因环境的困厄或优越而有所改变。这使得良好的文化基因得以在闵氏族人的骨髓中传承、渗透,也让闵家老宅在唐闸众多大宅门中独放异彩,让闵氏的几代人都成为唐闸的骄傲。徜徉其间,美丽的风景和风景外的故事令人流连忘返。

顾臣贤,热血凝结一段红色记忆

1933年6月9日清晨,位于南通城北的东北水关桥见证了惊心动魄的一幕。

那天,中共南通中心县委书记顾臣贤正在北濠河边党的秘密机关内整理文件。忽然一阵急促的脚步声打破了小巷深处的宁静。他知道敌人来了,于是,将手头的文件和枪支捆在腰间夺门而出,随即从东北水关桥纵身跳入濠河。然而,他已被包围了。在水中与敌人奋力搏斗后,终因寡不敌众而遭逮捕。所幸的是,此时文件和手枪已被他沉入水底。

顾臣贤出生在唐闸褚家棣,12岁时入白龙庙小学,后到唐闸敬孺高等小学校读书。1925年,"五卅"运动的风潮波及南通。受到抵制日货宣传的影响,顾臣贤觉得,国家要富强就必须有人去做工,于是,1926年,17岁的顾臣贤到资生铁冶厂当钳工。

学徒生活使顾臣贤更多地了解到了工人的疾苦和诉求。当时,报纸上的消息让他知道,工人运动是由共产党领导的,便渴望能早日找到党组织。

1928年8月下旬，在唐闸大洋桥下的一家茶楼里，顾臣贤由刘瑞龙等人介绍入党。在入党宣誓仪式上，他激动而又坚定地表示："入党就是为了革命，为了打倒反动派，打倒帝国主义……只要世界能公平合理，大家能过上好日子，就是死了，我也情愿！"

　　从此，顾臣贤把厂里的进步工人团结在自己周围，利用各种机会接触他们，向他们宣传革命。到1929年11月，全厂已有7名党员，顾臣贤则任支部书记。顾臣贤不仅自己参加革命，他家也成了秘密活动地点。

　　1930年5月下旬，已经担任中共通海特委委员的顾臣贤在唐闸西洋桥被捕。他在狱中受尽酷刑，但始终不承认自己有什么罪，敌人只得以"共产党嫌疑"为名，判他有期徒刑11个月。在苏州的监狱中，他很快与狱中党组织取得了联系，继续斗争。为此，他被关了两年半才获释。出狱后，顾臣贤担任了重新组建的中共南通中心县委书记，主持恢复城乡革命工作。

　　1933年，因大生一厂无故解雇1000多名工人，江城掀起了"五月怒潮"。在顾臣贤的组织指挥下，大生一厂、复新面粉厂、资生铁冶厂等五个厂的工人组成罢工总同盟。从4月30日起，工人们纷纷走上街头，高呼口号、散发传单、张贴标语。罢工持续了一个多月，革命怒潮席卷江城。

　　不幸的是，由于叛徒的出卖，顾臣贤遭到逮捕。

　　7月2日，顾臣贤被押解到镇江，受尽了酷刑，但他没有透露半点秘密。当他遍体鳞伤、血迹斑斑回到牢房时，还鼓励同志们："我们硬，敌人就软；我们软，敌人就硬。"利用"放风"的机会，顾臣贤还和中心县委的同志秘密碰头，部署对策。

位于大生集团内的中国共产党南通独立支部纪念碑

　　1933年9月14日,沉重的牢门被打开了。顾臣贤与卢世芳、周振国等高呼口号,唱着《国际歌》,走向刑场。直到面对行刑的枪口,顾臣贤还在严词揭露反动派叛变革命、勾结帝国主义的罪行。

　　在那个腥风血雨的年代,顾臣贤以解救大众于水火中的崇高情怀,不惜抛头颅、洒热血,最后倒在了他所热爱的这片土地上,在南通革命斗争史上书写下了壮丽的篇章。在新民主主义革命时期,像顾臣贤这样为信仰而牺牲生命的江海儿女有2万多人,他们的历史功勋将永远被后人铭记。

tips **中国共产党南通独立支部纪念碑**

　　该纪念碑位于南通唐闸镇大生集团内,2008年5月5日被列入江苏省爱国主义教育基地第一批免费开放名单。1926年,大生纱厂成立了中共南通独立支部,这是南通最早的中共党组织,首任书记为邱会培。独立支部在群众中开展的革命宣传教育,为南通工人运动的开展奠定了基础,点燃了江海大地第一簇革命星火,掀开了南通革命史上的崭新一页。

野田志奈，她是『南通辛德勒』

有一位日本女人，在唐闸生活了25年，已经完全融入了唐闸的市井和人情。在很长一段时间里，她的本名几乎被人们忘记，街坊邻居都叫她"陈师母"。

就是这位日本女人，从1938年春至1940年夏，在短短两年间，利用自己的特殊身份，在危急时刻，从日本人的屠刀下挽救了上百条中国军民的生命，也让数十名中国女性免遭日本人蹂躏。因此，她又被人们称作"南通辛德勒"。

这位伟大的女性名叫野田志奈，日本爱知县名古屋人，1895年生于一个平民家庭。她受过中等文化教育，毕业于日本爱知县缝纫学校。她的丈夫叫陈镜豪，出生在浙江诸暨一个豪门家族，与国民党要员陈果夫、陈立夫同宗。陈镜豪早年以科举入仕，曾在清政府工部任七品员外郎，1905年，自费东渡日本，在名古屋工业高等专业学校学习纺织、染化。

当时，陈镜豪寄宿在一个日本人家中。房东野田先生是一个对中国怀有好感的人，尤其喜好围棋。巧的是陈镜豪恰恰是个围棋高手。棋逢对手，二人便相处得甚是融洽。后来，老先生见陈镜豪聪明好学、勤奋节俭，便将自己唯一的女儿野田志奈嫁给了他。

1913年,陈镜豪携新婚妻子回到国内。他决心要走教育救国之路,遂来到苏垣(苏州)工业专门学校任教。1915年,南通纺织专门学校急需师资力量。应张謇之聘,陈镜豪来校担任纺织染化系教授兼教日语。从此,这对夫妇直到终老都住在唐闸纺织里5号。一个为中国早期的纺织教育呕心沥血,一个在家相夫教子、与邻里和睦相处。在这样的岁月中,时光悄悄过去了20多年。日军的枪炮声打破了唐闸的宁静,1938年3月17日南通沦陷,唐闸镇随后被日军占领。占领初期,日本人曾多次邀请陈镜豪出任伪南通县长,但均遭拒绝。野田志奈感佩丈夫的民族气节,也以种种借口帮丈夫推脱,日本人方才罢休。

自日军占领唐闸后,南通纺织学校基本处于瘫痪状态。为保护校产不受侵犯和负担学校教职员工的生活开支,野田志奈以代管的名义,利用学校实习工场的设备于1938年冬开始生产自救。当时,工场共有300多枚纱锭,专纺12~16支粗纱。这种粗纱利润较大,野田志奈便把其中的部分盈余捐赠给在上海继续办学的南通纺织学校,同时,常年供给部分教职员工开支,还捐赠一部分利润作为停办的唐闸中小学的教工和大生一厂职员的生活费。

日军刚刚占领唐闸那会儿,通扬运河以东地区经常有游击队队员活动,日军驻唐闸的警备队队长便带队过河进行"扫荡"。没有抓到游击队队员,日军就准备烧民房。他们把引火的柴草堆放好,只等浇汽油点火了。在这紧急关头,野田志奈挺身而出。在她再三劝阻后,暴行得以停止。

1939年夏,日本人得到情报,游击队队长施文彬在张福记饭店吃饭,于是,日本人下令封锁附近的路口,并抓走张福记饭店里的食客20多人。然而,其中唯独没有施文彬。恼羞成怒之下,日本人把气撒在这20多人身上,准备全部枪毙。野田志奈闻讯赶到,担保说这20多人都是良民,日本人这才把人统统放了。

类似这样帮助乡亲的事例还有很多。在两年多时间里,野田志奈先后救下100多位中国人的性命。

当年,有多少素不相识的人偷偷摸摸进纺织里5号,叩开"陈师母"家的院门请求掩护。她的家一度成为中国老百姓躲避日军追捕的避难所和抗日人士的藏身处,她自己却没能活着走出那场战争的阴霾。1940年7月,野田志奈与世长辞。噩耗传来,全镇人都为之悲恸。按中国风俗,"五七"那天,唐闸各界人士和当地无数群众前往吊唁。

根据野田志奈的遗愿,她的遗体被安葬在三牌楼一处寂静的农田里。在过去的岁月里,这位18岁来到中国、45岁便辞世的日本女人经历过怎样漫长的孤独与寂寥啊!所幸的是,中国人没有忘记她,也不会忘记她。直到今天,唐闸还有"陈师母"的传说。

邓怀农,平生知己是黄花

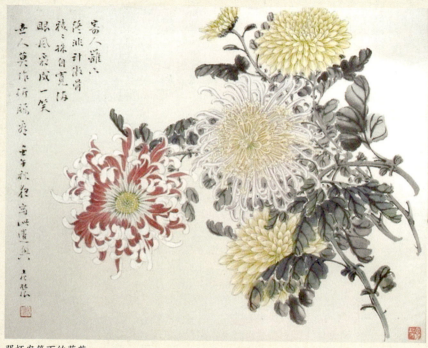

邓怀农笔下的菊花

雨一下,唐闸就成了百年前的小镇。如此说来,2020年徘徊于此迟迟不走的"梅姑娘",倒是为寻梦唐闸的人平添了几分诗情画意。

行走在这条古运河的东岸,没有遇见丁香般撑着油纸伞的姑娘,只有个别忘带雨具的路人以欲断魂的神态匆匆而过。那么,邓怀农故居,已经不能奢望有知情者出来遥指了,只能自己去探寻。

河东南路35号,邓怀农故居。关于唐

闸名人故居与大院的记载,写的是这个地点。其北为红楼,南侧毗邻大储堆栈。这个定位为踏访者锁定了一幢临河的小楼。只是重重围墙的阻隔让人无法接近,甚至找不到它的入口。还好,我们可以看到小楼的南侧,有一丛亭亭修竹探出墙来。没错,这里就是邓翁的旧居了。先于我们前来寻找邓怀农踪迹的本地文化人,在其文稿里写道:"(修竹)为邓院百年来招摇于外的唯一标志。"

邓怀农是何人?近百年来,就算是"老唐闸"对这个名字也并不熟知。20世纪20年代,当邓怀农在唐闸河东开始建造住宅时,大概只有附近的人与他有过接触。直到邓怀农名满沪上之后,南通文化圈内的人才知道画坛有这么一位了不起的乡贤。

1894年,邓怀农出生于如东马塘镇。当时马塘属于如皋东乡。邓怀农曾用过"东皋老农"的别号,后人以为他生于如皋大概就是源于此。1913年,邓怀农在南通师范学校接受了美术入门教育,师从金沙镇知名画家张馨谷,绘画技艺迅速长进。邓怀农从师范学校毕业后,最初走的并不是职业画家的线路。翻开他的履历,恰恰能解释他为何会迁居唐闸,随后又移居上海。

他在金沙镇当过教师,这应当是为了更好地求教于张馨谷先生。接着他跳槽成为扬州运河工程局书记员,这可以理解为他是在

邓怀农故居院内的修竹

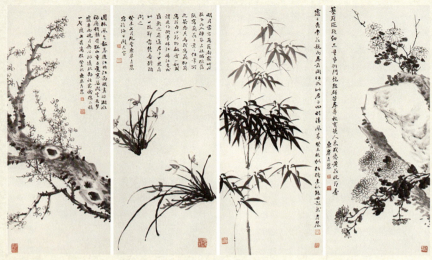

邓怀农作品

乱世中为自己谋得一个收入稳定的职业。举家从马塘迁到通扬运河畔的唐闸落户,应该是工作的需要,而那时有"小上海"之称的唐闸,也让这位年轻的艺术家有了栖居于此的愿望。不久,邓怀农到了上海,他是以上海十六铺平安轮船局职员的身份跻进这座大都市。没想到他的艺术之梦后来在这里奇迹般地实现了。

1925年,邓怀农已经在上海画坛崭露头角了。这一年的《申报》上刊有一则《怀农村人花卉特例》。由湖州名画家王一亭等三位名家为其定下的润格,已经是成名画家的标准了。王一亭正是邓怀农赴沪后所拜的恩师。"怀农村人"在绘事上深得其师"白龙山人"的真谛。书法大师邓散木曾在《邓怀农先生画册》题评中写道:"怀农吾宗,得天独厚,工绘事。出入青藤、白阳之间。后从白龙山人游,心师手追,益臻神化。信笔所之,杳然远俗。""青藤、白阳"指的是明代水墨大写意花鸟画的代表画家徐渭和陈淳。

邓怀农广积博采,艺事大进。他专攻花卉,尤以画菊为最佳;偶作山水,青绿、水墨皆能。他诗画皆精,从一个寂寂无闻的小镇青年,终成闻名海上的写意花鸟大家。

陈毅任上海市市长时曾购邓怀农墨菊一幅,并给予了很高的评价。上海中国画院经过筹备,于1960年正式成立。画院从上海三四百名家中挑选了六十九人为专职画师或画士。画师相当于教授,画士则相当于讲师。当年竞争十分激烈,邓怀农与刘海粟、傅抱石、潘天寿、林风眠、王个簃、谢稚柳、朱屺瞻、吴湖帆等成为该院第一批专职画师。

邓怀农有着爱国爱民之心和超凡脱俗的人生情怀。他重义疏财、乡土情深,尤关爱同乡后学,在书画界有"画侠"之称。南通海门人王个簃早年赴沪求艺,邓怀农就曾热心资助、大力推荐,使王个簃得以投身吴昌硕门下,终成一代名家;南通小海人、香港已故实业家方肇周年轻时初闯上海滩无以立足,也是邓怀农施以援手,助其入沪商界谋生发展。

邓怀农的艺术生涯持续很长。1983年,年近九旬的他还与黄幻吾、胡若思合作《百鸟朝凤图》,以祝贺第五届全运会召开。晚年的他笔墨更为精纯,且专注水墨写意,尤其是墨菊、墨竹在恣肆挥洒中不失敦厚意蕴的画面,赢得了社会的广泛称誉,也奠定了他在近代写意花鸟领域的重要地位。晚年的他仍坚持画菊以表心境。1986年,92岁的他还在"采菊东篱"的立轴上题下"昔同陶令酒,今惬野人情,始识灵均意,篱边采落英"。他有一方"生平知己是黄花"的印章,常常钤印于菊画上。这句诗出自他的画菊题款:"生平知己是黄花,我写黄花自一家。雅淡不须红与绿,孤高只许伴烟霞。"

著名文史作家郑逸梅在《天花乱坠录》中记载了邓翁辞世的情形:"邓怀农晚年以画菊著称。……其岁严寒,拥炉取暖,不慎灼伤死。"1986年在上海中山医院,邓怀农走过了92年漫漫艺术人生,静静地离开了人间。

后半生寓居沪上的邓怀农,应该会在闲暇时回到唐闸的老院子里小住。这里有他自己设计的画室,也有他悉心打理的花园。受老师张馨谷影响,邓怀农对菊花尤为钟爱。他也精于艺圃,年轻时曾在园中亲手栽培菊花数百种,常常独自默对,细心揣摩,故其笔下的菊花不但神韵生动,不同品种之菊茎叶差异也毫不混淆。唐闸能够成为国内驰名的菊花保种基地,与邓翁这样的顶级花友或有关联。

如今,邓宅园芜人去。我们唯有期盼有识者能在保护好这所故居的同时,恢复当年"开轩面场圃,把酒话桑麻"之意境。

李云良,读书改变一生命运

雨中的唐闸像极了江南的古镇。一路走来,不时会邂逅那些旧时的别墅、古老的工房和沧桑的门楼。它们见证了唐闸的近代风云,以及曾经的辉煌与荣光。眼前这座西班牙式小洋楼是当年的"李村小筑",其主人名叫李云良。

李云良1906年出生于唐闸西南郊一个贫苦农民家庭,幼年曾在张謇创办的实业小学和张詧创办的私立敬孺高等小学校学习,15岁只身前往上海谋生。那时候,他白天打工,晚上读夜校,靠着自己的勤奋与努力,在22岁时取得了上海复旦大学经济学硕士学位。

大学毕业后,李云良回到家乡唐闸,先后担任大生纺织公司常驻监察、敬孺中学董事、淮南各盐垦公司总管理处常务理事。后来再赴上海,历任上海大达大通轮船总公司经理、交通大学及中国公学教授、中华教育文化基金董事会秘书、轮船业联合会秘书长、中国招商局经理等职。

李云良的妻子孟温佳出身于江浙名门望族,为北京师范大学教授。当年,李、孟大婚,蔡元培先生亲自出面主持并证婚,一时传为沪上美谈。

从贫寒子弟到跻身上流社会,自己的亲身经历让李云良深刻体会到,读书对于改变一个人一生的命运实在是太重要了。于是,1936年,他仿效先贤,在大生一厂南边办起了唐

李村小筑近影

闸生活学校（今唐闸小学），专门招收贫困家庭的孩子。这所学校的教育十分西化。据一位曾在此读书的老人回忆，他在音乐课上学会的歌曲中，竟然有风靡一时的电影《魂断蓝桥》的插曲。

1938年3月17日，日军入侵南通，学校停办，李云良也撤离到大后方。抗日战争胜利后，李云良从重庆归来，唐闸生活学校复校。1946年，唐闸生活学校在唐闸河东设立分部，从而形成了河西为低年级（1~4年级），河东为高年级（5~6年级）的教学格局。为了让更多的人能够掌握实用技能，唐闸生活学校还开设了商业会计补习班。为了提升民众素质，满足人们的精神文化需求，李云良又创办了唐闸图书馆和唐闸大会堂。

由于公务繁忙，作为校长的李云良不能经常亲临学校。但是，他会定期给学生写信，勉励大家克服困难、发奋学习，学生们则回信向校长汇报学习情况。通过书信的往来，师生交流了思想、增进了感情，学生读书也越发勤奋用功。

大约是1947年的一天，一辆黑色福特牌轿车停在了唐闸杨家湾街边。车上下来的是一位西装革履的中年人。只见他中等身材，温文尔雅，白净的脸上戴着一副金丝边眼镜。他就是李云良。他是从上海乘轮船抵达天生港，再回到唐闸的。当天，他来到唐闸生活学校，在操场上给学生们讲话，勉励大家刻苦学习，将来成为社会的有用之才——那是许多学生唯一一次见到李云良。

1949年1月22日无疑是李云良人生的高光时刻。那天，他和李济深、沈钧儒等55位民主党派领导人和无党派人士联合发表了《对时局的意见》，提出拥护中国共产党关于召开政治协商会议和成立联合政府的主张，并自愿接受中国共产党的领导。此后，他把原上海大达大通轮船总公司的轮船从香港带回了上海，献给了国家。中华人民共和国成立后，李云良曾任全国政协委员、交通部参事等职。

民国时期唐闸生活学校老照片

　　李云良的故居李村小筑现为南通市第二人民医院所有。当年环绕周边的林溪园圃早已不复存,唯独那座欧式别墅被完整保留。我们发现,即使在今天,它依然处在僻静处,不为路人所关注,可见李云良为人低调。

　　然而,在发展唐闸的文教事业,推动南通近代化进程,促进南通工商业与上海、与国际接轨的过程中,李云良是那般勇猛精进。人们不会忘记他所做出的功绩。

郭锁珍，从纺纱娘到发明家

因为家境贫困，她11岁就进入纱厂当了一名童工。可就是这样一个几乎没有什么文化的纺织女工，日后成了全国劳动模范，并获得了"中国纺织技术革命的先行者"的荣誉。她的名字叫郭锁珍，曾是大生一厂一名普通的挡车工。

郭锁珍1919年出生于唐闸乡间，童年的艰辛与磨难铸就了她吃苦耐劳的秉性和坚强不屈的性格。中华人民共和国成立后，郭锁珍以极大的工作热情投入工作中。那时候，在纺纱车间里，工友们总能看见一个单薄瘦小的身影在默默地忙碌着。那就是郭锁珍。每天，她的工作时间都会超过10小时；午饭时，她总是风卷残云，以最快速度填饱肚子，然后立即回到岗位投入高强度的工作中。

"苦干加巧干"是郭锁珍最朴实的口头禅，也是她成功的诀窍。在厂里，郭锁珍留给人们的印象是肯吃苦、爱钻研、有创新精神。她不仅眼勤手快，产量始终保持第一，而且善于总结，喜欢搞一些发明创造。

作为一线纺织女工，郭锁珍每天脑子里盘算的都是，怎样才能减少纱线断头，怎样才能提高劳动效率和产量。郭锁珍文化程度不高，但是，聪明伶俐的她善于从实践中学习。通过多年的实践和刻苦的钻研，她终于摸索出一套科学的操作法，将传统的被动换纱变成主动换纱，将双人摇纱变成单人摇纱，将生产效率提高了一倍多。这套科学操作法就是后来享誉全国纺织业的"郭锁珍摇纱工作法"。

在新中国的工业化进程中，"郭锁珍摇纱工作法"推动了纺纱技术革命的进程，郭锁珍也由此成为"工人发明家"和纺织工业战线上的一面旗帜。她连续多次打破全国摇纱产量纪录，她所在工厂与车间也成为中国纺织技术革命的排头兵。1956年、1958年、1959年，郭锁珍先后三次被评为全国劳动模范，赴京参加"群英会"，受到了党和国家领导人的亲切接见。

郭锁珍提出的创新工作法得到了高度重视。厂里在总结肯定的同时，提出了全面推广的要求。然而，要让所有人都达到同等水准不是一件容易的事。为此，郭锁珍总是不厌其烦地耐心讲解，手把手地细致传授。厂里纺织工人多，她就以点带面，不让一个姐妹掉队，不让一个小组落后。1959年，仅仅一年时间，郭锁珍就带出了27个"小郭锁珍"，一下子轰动全国。

随着时代的更迭、科技的进步，如今，"郭锁珍摇纱工作法"已成为消逝在岁月长河中的旧日风景。在纺织之乡南通，在工业重镇唐闸，中国民族纺织工业的先驱、

郭锁珍在车间（手绘）

拥有百年历史的大生集团早已进入高端纺织时代。但是，在那些艰难跋涉、发奋追赶的路上，郭锁珍以"爱岗敬业、争创一流、艰苦奋斗、勇于创新、淡泊名利、甘于奉献"的伟大劳模精神，纺出了一名普通纺织女工的人生"新高度"。直到今天，她依然是行业内令人敬仰的传奇人物。

大生集团职工留影

tips 大生女工

大生集团的百年生产线仍在运转。织机边的纺织女工一代代接续,跨越三个世纪。她们顶起的半边天为大生发展史写下了一页页精彩华章。

当年张謇办纱厂,选址唐闸,就有在员工问题上的考量:"女工则通州西北乡妇女皆天足,上工能远行,做工能久立。"

像郭锁珍这样留名青史的大生女工,毕竟是凤毛麟角。在百年发展史上,一代代织娘用青春写就大生的芳华,她们中的绝大多数人默默无闻地奉献着。在此,我们要为一代代大生织娘由衷地点赞!

郑毓芝,飞行员之女终成『最牛老太太』

郑毓芝古装剧照

一桩轰动全镇的事件，曾经让唐闸的老百姓津津乐道了几十年。故事发生在抗日战争全面爆发前夕。那一天，一架自天而降的军用飞机紧贴着复新面粉厂厂房飞行，缓速来回盘旋。在震耳的轰鸣声中，眼尖的街坊看清了在机舱里的往下挥手致意的飞行员。他不就是复兴街上郑家的公子嘛。

这个飞行员就是从唐闸镇走出的中国第一代飞行员郑长庚。大战在即，郑长庚与战友们抱着必死的决心与日军血战长空。他驾驶战斗机飞临故乡，以特殊的方式向家乡父老告别。有的老人还记得，那一次郑长庚驾机飞临唐闸，还空投下一个包裹。包裹落在河东，人们捡到后，送到了郑家。

档案记载：郑长庚，字摘星，南通唐闸人，生于1912年10月3日，黄埔军校第八期第一总队炮兵队学员，1932年2月转入中央航空学校第二期，毕业后任空军第八大队少校大队长。

1942年11月1日，郑长庚驾驶美制C-53飞机执行送钱款任务后返航，因天气恶劣，在兰州机场降落时失事殉职。郑长庚被安葬于南京航空烈士公墓。他留在黄埔档案里的通信处是唐闸市郑仁和号。这个商号或许是郑长庚家的产业。

古镇上空，"战鹰"盘旋，这一幕看上去很有电影的既视感。

郑长庚作为军人，身前与电影并无直接关联。他有一子二女。一个女儿后来成了影视界著名的表演艺术家。她就是郑毓芝。

郑毓芝，1936年出生于南通唐闸，在父亲牺牲后，随母亲在上海长大。1958年，郑毓芝从上海戏剧学院毕业，后被分配进了上海实验话剧团。

加入剧团没多久，团里就排演了苏联剧作家奥斯特洛夫斯基的著名作品《大雷雨》。郑毓芝出演美丽天真、向往自由的女主角卡捷琳娜。在剧中出演卡捷琳娜的丈夫奇虹的，是郑毓芝在戏剧学院的同班同学陈茂林。

年轻时的郑毓芝

2018年6月,郑毓芝回唐闸寻根

　　郑毓芝初来乍到,就超越几位师姐担当女主角,面临的压力极大。在学校几乎没有和郑毓芝说过话的陈茂林,在排练中鼓励郑毓芝相信自己,坚持下去。于是,在台上,两个人是格格不入的"奇虹"和"卡捷琳娜",在台下,两颗心却越走越近。最终,郑毓芝凭借这个角色获得了青年演员奖,在上海滩一举成名,而陈茂林也成了与郑毓芝相伴到老的爱人。

　　"文化大革命"结束后,郑毓芝这些被耽误了大好年华的演员迸发出惊人的能量。1980年,郑毓芝在《清宫外史》中饰演慈禧,开启了扮演历史女名人的历程。1981年,在影片《孙中山与宋庆龄》中,郑毓芝成为国内第一个在大银幕上展现宋庆龄形象的演员。

郑毓芝属于那种年龄越大越有戏的"老戏骨"。1998年，年过六旬的郑毓芝领衔主演了电视剧《婆婆媳妇小姑》，在剧中饰演一位典型的上海婆婆。她与剧中儿媳精彩的对手戏，将婆媳关系这一千古矛盾演绎得有声有色，成为那个时期的荧屏热点。后来，《婆婆媳妇小姑》获得了大众电视"金鹰奖"最佳电视剧奖。

2000年播出的电视剧《上错花轿嫁对郎》也是一部大热之作。郑毓芝在剧中饰演的齐老太君给人留下了深刻的印象，几乎成为这类古装剧里权威老太太的标杆。《黛玉传》中的贾母也是这样的角色。而近年来两部现象级的古装剧中，辈分最高的角色也由郑毓芝担纲。2015年《琅琊榜》中的太皇太后、2019年《庆余年》中的南庆老太后，都是由郑毓芝出演的，她称得上是荧屏上的"最牛老太太"了。

桑梓情深的郑毓芝一直心系家乡。在与南通有关的影视作品中，她总是倾情出演，不遗余力。20世纪90年代，郑毓芝在展现南通风土人情的电视剧《濠河边上的女人》中成功出演女主角，给家乡观众留下了难忘的记忆。2018年，由南通籍著名导演江平执导的影片《那些女人》可谓星光闪烁，讲述的是抗日战争时期发生在南通城的一段血与火的传奇故事。郑毓芝在影片中饰演保家奶奶，面对日军临危不惧，将民族大义展现得淋漓尽致。

2018年6月9日，郑毓芝一行回到唐闸寻根。作为郑氏后人，漫步在曾经生活过的土地上，郑毓芝内心触动非常大。因近年道路扩建，郑长庚的故居已被拆除，但被成片保护的老工房还是留住了一些回忆。郑毓芝依稀记得在这里度过的童年。她在老工房留下了珍贵的合影。随后，在工作人员的陪同下，郑毓芝参观了唐闸印象展览馆，对于家乡的发展变化，有了更真切的了解。

郑毓芝是一位深受观众喜爱的表演艺术家，而她的英雄父亲同样值得后人铭记。

保剑锋，十里坊的帅哥为最美唐闸代言

2020年新冠肺炎疫情暴发后，南通籍影星保剑锋专门上线了一档名为《锋声》的自制节目。每期节目他都会精心挑选诗歌朗读，在特殊时期用自己的声音抚平大家心中的焦躁。他极富磁性的声音收获了不少好评。网友纷纷力挺点赞称"声暖人心"。与此同时，保剑锋还积极参与公益活动，在特殊时期身体力行，更是作为助力湖北公益大使，为湖北加油。

令唐闸人自豪的是，这位外形俊朗、演技成熟、行事低调的好男人保剑锋，正是一位地地道道的唐闸人，其祖籍就在运河边的十里坊。他回到家乡的时候，也很喜欢到唐闸老街上走一走。说他是最美唐闸代言人并不为过。

10多年前，一部校园青春剧《十八岁的天空》把保剑锋带到了观众的眼前。剧中保剑锋所饰演的班主任古越涛风趣幽默，与传统意义上的老师的"古板"形象完全不搭边，保剑锋也凭借着这一角色在荧幕上活跃起来。此后，他又陆续饰演过《杨门虎将》中的杨五郎、《至尊红颜》中的唐高宗李治、《又见一帘幽梦》中的楚濂等角色，都令人印象深刻。值得一提的是，他在2011年向建党90周年献礼的影片《湘江北去》中，生动再现了一代伟人风华正茂、挥斥方道的形象。

尽管出生在上海，但在上小学、初中期间，每年寒暑假，保剑锋都由奶奶带着回到故乡十里坊，呼吸老家的新鲜空气，感受不一样的温馨亲情。在他8岁的时候，在唐闸镇老毛毯厂大院里，爷爷教会了他骑自行车。这是他拥有的第一辆自行车，是爷爷自己组装、上漆的。当时，这让保剑锋在小伙伴中可有面子了。每天爷爷都会把自行车保管好、擦得锃亮，等孙子放学回来。渐渐地，保剑锋不仅在毛毯厂的院子里骑得娴熟，还能带着小伙伴去镇上买鞭炮。

令保剑锋记忆犹新的是，10岁那年，已年逾八旬的奶奶带他同南通过春节。他们晚上10点从上海十六铺码头乘轮船出发，次日清晨5点才到南通港码头。上岸后，他和奶奶拎着很多很沉的过节物品和行李，徒步10多里（1里=0.5公里）路才到十里坊他伯伯保克强的家。

现在，每逢清明节或爷爷奶奶的忌日，保剑锋都会尽量抽出时间，带着妻儿和父

外表酷酷的保剑锋其实是一个暖男

母一起回唐闸给爷爷奶奶上香。

1997年,在保剑锋首演的电视剧《真空爱情记录》中,他与同班同学、南通老乡马伊琍的成功合作,可谓珠联璧合。这是一部讲述一群大学生为了工作和爱情奋斗的故事,也是内地第一部现代青春偶像剧。在剧中,保剑锋饰演家庭富裕但身在福中不知福,且对生活充满怨恨的"70后"肖露煜,后经社会历练,渐渐变得成熟、坚强。由于演技出色,保剑锋阳光而又青涩的青春形象给观众留下了深刻的印象。

令南通人津津乐道的是2018年9月3日在全国上映的那部南通味十足的抗日题材电影《那些女人》。南通籍导演江平携保剑锋等人员在更俗剧院举行了映前见面会,分享了影片创作过程中的感人故事。当天,保剑锋特地用家乡话问候了现场观众。他激动地说:"我老家的房子是在抗战时期被烧毁的。这部影片讲的是发生在南通的抗战故事,所以我能参加拍摄是很荣幸的。我能带着这样的作品回到南通,也是非常欣慰的。"

熟悉保剑锋的亲朋好友说,他在生活里也是一个让人感觉阳光、温暖、舒服的贴心人。他善于倾听,从不随意发表无谓的意见,总是在非常恰当的时候做出非常理性的判断,是一个好的谈话对象。他的堂哥说:"剑锋弟弟出道成名后,从未忘却亲情，始终与故乡亲戚保持着密切的联系，只要有机会，就会低调地回南通看看。"

如今的保剑锋褪去了青涩，无论外表还是内在，都散发着一种成熟男人特有的味道。他是个棱角分明的男人，面庞里时时涌动着绅士的内涵；他谦和亲切，容貌里透露着浑然天成的儒雅与自信。影迷说，"保保"的眼睛最有戏，还有，他的歌跟他的戏一样棒！

大肉包是古镇"过早"必备

镇上的一天,从一只大肉包开始

一日之计在于晨。"民以食为天。"早餐已经不再是一份光能填饱肚子的简单食物了,而是代表着对一种环境、一种氛围的满足感。

在唐闸,当老镇迎来新的一天时,你可以找一个适宜"过早"的店,感受一下南通早餐的滋味。不妨循着肉包子的香气,去东风饭店看看。

1955年就开店的东风饭店在唐闸是一家老店,名字有着那个年代的印记。传承者为马鑫奎和朱正海师徒二人。这店主打的就是早餐。

现在东风饭店品牌升级,由朱正海任餐饮顾问。虽然在餐饮界并无严格的南派、北派说法,但正如同南方人爱吃米、北方人爱吃面一样,双方对待包子的态度也不一样。在北方人看来,包子是主食,是能填饱肚子的;而在南方人眼里,包子是点心、零食，不求果腹但求精致。

东风饭店主打的大肉包，一直在南通食客中拥有好口碑。

每天早上5点半，东风饭店准时开门迎客。如果你早晨6点走进东风饭店，就会看到好几名师傅忙着包包子。从准备馅料到搅拌、发面、和面等，每道精细工序都有条不紊地进行。厨房内放着大型燃气锅炉。只见面点师裴海永忙着将蒸笼小心翼翼放入蒸锅中，并将火力调至最大。10多分钟过后，看到热气冒出，他就将新鲜出炉的包子从炉上卸下来，将蒸笼平铺在保温炉上，之后又将包好的包子放入蒸笼中，开始新一轮的蒸煮。

裴师傅介绍，他每天凌晨3点半起来就到店里开始做包子，做1个大概1分钟的时间，平均每天能卖出300~400个。大肉包选材考究，采用位于猪前腿上部的肉。这个部位的肉也叫夹心肉，半肥半瘦，肉老筋多，吸收水分能力较强。肉需要提前用秘制调料腌制，并加以葱、姜、皮冻等。大肉包做工严格，外形整齐，每个200克左右。做包子一般都要用肥肉调馅，肥肉、瘦肉的比例通常是3∶7，但因为人们越来越注重健康，所以裴师傅也对该比例做出了一些调整。

包子做好后就上屉蒸。刚出锅的热包子口味鲜美，香而不腻。咬下一口，鲜美的汤汁就会涌入口中。配上一点南通五山香醋，醋与肉的香味融合在一起，让人感觉无比幸福。

除了肉包外，东风饭店的小馄饨、豆腐脑、烧卖等小吃也很受欢迎。小馄饨皮薄肉多，漂在清汤上。顺着碗边喝一口，小馄饨自然会滑入口中，肉香、葱香、汤汁儿的味道也就散开了。烧卖则选用上好的糯米，加以虾米、葱等制作而成，香糯可口。这里的大排面、肉丝香菇面、青椒香菇面、烩狮子头面，口味绝对不输给大型饭店的同款。

这一顿早餐吃下来，浑身元气满满。美好的一天就这样开始了。

唐闸牛肉远近闻名

唐闸牛肉，舌尖经典这样炼成

提起唐闸的美食，牛肉可以说是久负盛名。它代表的是南通牛肉界的一种流派、一种品质。

通城有不少挂着"唐闸牛肉"招牌的店。不过要吃最正宗的，当然还得回到唐闸。

在记忆和老人们的口述中，唐闸王中王牛肉在选料上颠覆了以往牛肉店较多采用黄牛肉的传统，代之以水牛肉，因为水牛肉的肉质较黄牛肉的更为细腻可口。店主张建军介绍，1992年，在家人的鼓励下，自己在唐闸疏航桥下面开了这家王中王牛肉店。在事业刚起步的时候，除了选用本地的水牛外，他还经常到安徽、湖南、湖北等地选购优质水牛。在制作口味上，最传统的原味牛肉配料很简单，坚持保留食材的本味。卤水仅加了盐、料酒、食盐、八角、葱、姜等。这样卤制的牛肉既鲜嫩又带着嚼劲，具有牛肉自带的醇厚质感，让人嚼得口齿生津，满嘴留香。

吃着这样自然原味的熟牛肉,不禁会想起《水浒传》中武松到过的那家只卖酒水和熟牛肉的"三碗不过冈"。估摸着,英雄打虎前吃的熟牛肉,与唐闸这种按古法制成的牛肉颇为类似。

大厨透露,牛肉味道好的原因主要有两个:一是原材料好。牛都是经过层层筛选的,将就一点都不行。二是烹饪时火候控制得好。时间要不长不短,恰到好处。

这家店的原味牛肉一天能卖50多千克(100多斤),一般到傍晚时分就会卖完,经常有老主顾打电话预订一份。除了原味牛肉外,王牌酱牛仔骨也受到不少堂食吃客的欢迎。原材料选用牛肋骨,与土豆一起红烧,最后配上少许香菜调味,香味扑鼻,让人食指大动。

美味的传播力是无法估量的。周末会有上海、南京、苏州、无锡等地的食客开车过来,专吃唐闸全牛宴。一名正在堂食的顾客介绍,"我也是听朋友介绍,今天专门和几个朋友从上海过来的。上海虽然有不少做牛肉的店,但是南通唐闸的牛肉确实让我印象深刻。原味牛肉吃起来很筋道。最难能可贵的是牛肉本味被很好地保留下来,咸淡刚刚好。不像有些牛肉都不怎么吃得出本味,全是吃的各种调料。还有这道牛骨髓炖蛋也不得不提。牛骨髓切成小块,和蛋在一起炖,入口即化,再蘸一点醋,非常鲜嫩,太好吃了。"

虽说店堂翻新了,但王中王牛肉的价格也不算贵,透着一种亲民感。平时附近的居民会买些牛肉回家打打牙祭。如果家里有事或来了亲朋好友,不少人就会选择到餐馆宴请,多点些牛肚、牛骨髓、牛鞭等经典菜品。

逢年过节的时候,店里会推出礼盒包装的牛肉,但是店主会提醒食客,因为牛肉本身含有高蛋白,所以即使是真空包装的也不要放太长时间,最好买回去就吃,或者到店吃,体验舌尖上的美味和新鲜。

唐闸鸡煲，
有关乡愁的一道美食

　　火锅，长期以来一直是我国餐饮文化的重要组成部分，将新鲜的食材快速地煮在汤汁中，加入酱油以及新鲜香菜、葱和大蒜等调味品来提味，待所有食材都吃完之后，还有一锅温热营养的肉汤。吃火锅是一种共享的用餐体验。家人、朋友聚在锅旁，可分享美食与故事。

　　作为火锅的一种延续和演变，鸡煲以其舒爽、美味、实惠的特点，成为唐闸当地的一块招牌。被冠以"唐闸"的美食中，除了唐闸牛肉外,名字最响亮的当属唐闸鸡煲了。

　　漫步运河边的老街，行至大生牌楼近处，可以去寻味唐闸鸡煲。目前在唐闸比较有名的大致有三家鸡煲店，一是富贵鸡煲，二是邵记鸡煲，三是1895唐闸鸡煲。

三家店的口味都比较地道,价格也公道。

鸡煲这一广受欢迎的美食,或许其历史并不久远。鸡煲和传统火锅的不同之处在于,鸡煲是一锅加了秘料的炖鸡,端上桌后放在炉上保温,上面覆盖着一层香菜。吃完鸡肉之后,将肉汤作为锅底,就变成了传统的火锅。鸡煲的灵魂就是一只好鸡。

据几家店主介绍,唐闸鸡煲基本采用散养的走地鸡。这种鸡吃草和杂食长大,每天"运动量"都达标,才能成为鸡煲中皮爽肉滑、柔韧不柴的主角。将锅摆上灶台开火烧红,十几分钟后下油,加入蒜瓣、洋葱炒香,等到香味出来,再放入用独门酱料腌制过的鸡肉,盖锅焖上,开锅时撒些辣椒和洋葱,同时不断翻炒,最后撒上香菜、盖上锅盖,香味四溢的鸡煲就可以上桌啦。整个制作过程一气呵成。

会吃的顾客会先点些腐竹、油面筋、豆腐皮等豆制品来吸收酱汁,吃完后再加入高汤,放入丸子类和蔬菜等其他火锅食材在锅中涮了品尝。晚上下班后,一家人或是三五好友,大口吃菜,大碗喝酒,说话还得靠吼。鸡煲餐馆里,到处都是其乐融融的气氛。

"我之前是厨师,开店之后更注重的就是诚信和卫生。有时候忙到凌晨,也必须把店内打扫干净后才放心离开。"邵记鸡煲的店主说,饭店要对食客们负责,每日都挑选新鲜的食材,经得起考量与检测。此外,店内安装了摄像头,全程直播厨房操作情况,将烹饪流程公开化。食客可以通过视频监控实时了解厨师动向,将操作间、消毒间等重点区域一览无遗。

食物大抵都与记忆有关。提及家乡美食,也许你并不会想起远负盛名的家乡特产。根植于记忆中的也许是家门口的一家包子铺,或者一个烧饼摊。每座城市都有属于自己的味道和故事,就像重庆的辣、苏州的甜、南通的鲜。

有一天离开了唐闸,离开了南通,夜深人静之时,每每想起的,或许都是一锅美味的唐闸鸡煲。不少老客从上学时一直吃到工作,甚至在外地求学或者打工回来,仍然惦记着那股老味道。每逢节假日或者周末,热爱美食的人都宁可排队,也要尝上这一口,为的就是那股地气儿与舒服劲儿。

鸡煲馆内人气旺

夏天是属于啤酒的季节。清新的小麦，爽口的气泡……约上三五好友，小酌几杯最是惬意。在古镇的五星酒吧里，只要来上一杯精酿啤酒，一切烦恼都会被抛到九霄云外。在这里，美酒、音乐、美食，一切都恰到好处。用微醺的酒意开启你的夜生活模式吧！

五星酒吧是唐闸古镇上少有的可以喝到地道精酿啤酒的地方。夜晚当你置身五星酒吧时，炫目的红蓝光和现场 DJ 打造的动感音乐会给你强烈的感官冲击。随意找个地方坐下，不管是与好友聚会，还是享受一个人的孤独，在喝下一杯精酿啤酒后心情都会立马变得轻松起来。

在五星酒吧里，只有一种啤酒等着你，那就是只用麦芽、啤酒花、酵母和水进行酿造的精酿啤酒。浓郁的香气，香而不腻的口感，令人回味无穷。哪怕是第一次接触精酿啤酒的人，也能迅速地理解并爱上它。

精酿啤酒是相对于大规模生产的工业啤酒而言的一种高质量啤酒。所谓精酿，简单来说就是用更多、更好的原材料酿造的高质量、高浓度啤酒。关键是，各家精酿酒厂都可以加入不同辅料如巧克力、咖啡、水果，甚至木头来调味，因此，精酿啤酒的口味千奇百怪，创作意味浓重。根据酿造方法的不同，精酿啤酒可以细分成不同的啤酒类型。

五星酒吧里时尚感十足的用餐区域旁边就是车间酿酒室。啤酒经过两个月的发酵，麦芽浓度更高，风味更加浓郁。入夜

五星酒吧外的墙绘

来到五星酒吧喝上一杯冰镇的精酿啤酒,当金黄的酒液沿着杯壁流进杯里,翻腾的泡泡不断涌起时,一天的疲劳就这样在音乐和啤酒里慢慢消散。

值得注意的是,喝精酿啤酒时,不要像喝一般啤酒那样大口大口地喝,否则你会醉得很快,而且也感觉不到精酿啤酒应有的味道。精酿啤酒适合小口品尝。

在五星酒吧喝酒绝不是为了买醉,也不是多年积累的习惯,而是因为这里的啤酒的确好喝。在炎炎夏日,端着一杯冒冷气的精酿冰啤酒,用酒精和故事填满记忆,那将是一件多么惬意十足的事情。不想太安静的,可以上台对着大屏幕唱个歌。

鲜啤与音乐是这里的标配

"One Night in TangZha,我留下许多情。不管你爱与不爱,都是历史的尘埃……"在这古镇之夜,即使吼得撕心裂肺也并不违和。

在唐闸古镇上,有一家坐落其中的静谧酒店,让旅行者找到了梦想的栖居地,那就是景澜·唐闸印象酒店。

有人说,旅行不再是为了抵达一个地点,而是融入当地生活的一种经历。"回家,得以亲近家的温暖!"这是景澜·唐闸印象酒店的初心。为此,酒店致力打造一个温暖舒适、自由交流的多维社区,给予旅行者自在休憩的私人空间,让他们在无界、友好的氛围中感受熟悉的温度。

这家酒店位于唐闸河东,以唐闸近代工业风情小镇为基调,精心将文化场景复制还原,青砖黛瓦,雕梁画栋,临水而建。极富江南特色的屋檐与斑驳的墙壁满布岁月的痕迹。

整个酒店楼群的风格似乎都停留在了百年前的生活时空里,但又没有陈旧破落感,代之以跨越时空的清新。在这里,一切显得朴素而真实,给风尘仆仆的你带来一种别样的安定与从容。

中国风的庭院是景澜·唐闸印象酒店的特色

酒店由南通唐闸古镇保护开发有限公司投资建设，由景澜酒店投资管理有限公司管理，是一家集客房、餐饮、会议、休闲于一体的轻奢高雅型养生度假酒店。酒店共有风格多元化的客房96间，拥有大型多功能宴会厅，是举办婚宴、公司会议、企业活动等的首选综合性酒店之一。

酒店包括主楼、顾宅、顾公馆等民宿院落，设有大床房、双床房、汗蒸房、日式榻榻米房、主楼套房、家庭房等。房间里以雅致的传统家具为主，配上现代化的卫浴、电视、冰箱、空调等，游刃有余地游走在古典与现代之间。

这里有家的感觉

当你走进古镇，穿过流淌不息的通扬运河时，便能看到这家静谧典雅的酒店。拿到门卡，轻轻推开房门，温度、灯光、香气，都尽显暖意。放下行李，在沙发上坐定，温柔的灯光、典雅不俗的家具、清新的花果会让你觉得仿佛到了旧时家境优渥的亲友家做客。

在房间里，你可以看到为你精心准备的《风情唐闸》或《追梦港闸》等文旅精品图书。在灯下展卷品读，可以对这座古镇的前世今生有一个真切的了解。

闲坐在房前，你可以感受到古镇的呼吸，让快节奏的生活在这里放慢脚步。在此小住几日，闭目养神、品茶赏花、听曲垂钓，尽享桃源生活，将是再惬意不过的事了。酒店承载了老镇很多的内容，在"讲究"又"亲和"中展现了唐闸古镇的个性文化。

伶韵剧装社,展现戏服的硬核魅力

戏服,在伶人眼里是最圣洁的东西。穿上了它,你可以是征战沙场的穆桂英,也可以是美丽活泼的酒家少女李凤姐,还可以是雍容华贵的杨贵妃。而这些角色能穿越千年,鲜活地呈现在观众面前,其幕后功臣之一就是那些精美戏服的手工制作者。

伶韵剧装社位于唐闸西市街沿街老工房内,以手工制作京剧服装和清代服装为主,同时为游客拍摄以古镇为背景的专业戏曲写真。

伶韵剧装社的店主邱翌鹏是个从小在唐闸长大的"85后"青年,对这方水土有着深厚的感情。大学毕业后,邱翌鹏对摄影比较感兴趣,便在本地一家影楼从事后期设计。后来,为了进一步发展,他前往上海继续从事摄影工作,在机缘巧合下,结识了一位京剧化妆师,并与他合作,在上海开设了一家摄影工作室。在这期间,他看到了著名京剧演员李世济在春晚舞台上的京剧表演,从此便一发不可收地迷上了京剧。

如今的邱翌鹏,不仅是资深的京剧票友,还是圈内小有名气的戏服制作人。他正式学戏已有近十年时间。目前他是南通江东京剧社程派青衣,2016年获"伶工学社"杯南通京剧大赛优秀表演奖,常演的剧目有《锁麟囊》《春闺梦》《碧玉簪》《文姬归汉》等。

只要谈起工作室内所制作的戏服,邱翌鹏就可以讲上几天几夜,其对京剧的热爱可见一斑。他说,戏服是美术、色彩、造型等多种知识的融合,不是一朝一夕能制成的。

制作戏服很辛苦,其制作过程烦琐且不容有差错。首先要将精挑细选的真丝面料送至北京染色,其间进行制板、画稿等一系列准备操作。一切准备就绪后便是制服的重头戏——绣娘手工绣图。最后是裁剪、成衣。

邱翌鹏介绍说,根据刺绣面积大小,做一件戏服平均需要1到2个月的时间。他刚开始从事这行的时候,绣娘特别难找。第一年,他只找到了一个,后来慢慢地才逐渐有人愿意做绣娘。在前几年去日本旅游的时候,他在一条小巷子内发现当地有

伶韵剧装社

华丽的戏服靠一针一线手工制成

一家店在卖缂丝团扇。当时他觉得很吃惊,上前询问后,日本店主告诉他,有一段时间中国对这类文化和手艺不是很重视,日本不少爱好者就去中国专门把这些技艺引进到日本保留下来。邱翌鹏当时很寒心,于是更加坚定了要把传统的东西传承下去的信念。目前他还想再做几年,待事业再稳定一些后,就申报关于戏曲服饰方面的非遗项目。

制作戏服和其他传统工艺一样,近年来面临着人才老化、后继乏人的挑战。究其原因:一是技艺人员老化。目前,戏服制作工坊内都是年龄较大的绣娘,没有年轻人。二是经济收入少,这使得愿意钻研技艺的年轻人更少。三是戏服制作工艺复杂、周期长、效率低。

邱翌鹏说,虽然困难不少,但他都要克服,因为对这个行业的热爱已转化成一种责任。今后,伶韵剧装社还打算推出一些周边产品,比如戏曲公仔等,更想把这些推广给年轻人,让传统文化得以发展和延续。

戏服的用线极为讲究

紫艺金砂陶艺坊，体验手作慢生活

一只好壶需精心打磨

在这个崇尚速度的时代，很多人已经适应了快节奏的生活，习惯于大批量生产的工业品。或许在某一刻，你停下飞奔的脚步后，会发觉原来那些自己用双手一点一滴完成的东西，才是内心最渴望的。唐闸河东路上就有一家能让你"慢下来"的手工作坊。你可以陪着家人和朋友一起来这里体验手工作，在慢节奏中寻找生活的乐趣。

紫艺金砂陶艺坊是一家以制作紫砂壶为主的手工作坊，位于一座面朝运河的小楼中。这里原是顾雅言故居，建于清末民初。屋顶的青砖、镂空的木雕、别致的小假山造景，无不透露出水墨江南的气息。古朴雅致的建筑，与这里低调内敛的紫砂文化相契合——厚重，不失中华文化的独特韵味与精妙。

"人间珠玉安足取,岂如阳羡溪头一丸土。"阳羡,是陶都宜兴的古名,一丸土就是名播天下、享有"泥中泥"美誉的紫砂泥。在宜兴紫砂器中,最受推崇的自然是紫砂壶。紫砂壶源自文人的茶道,当古人的烹茶演变成沏茶时,人们对茶器质地的要求相对就高了。经实践得知,紫砂壶壶壁能够吸附茶气,紫砂壶使用时间长了,即便在空壶状态下倒入沸水,也有茶香散出,由此,紫砂壶日渐受人喜爱,近年来它的收藏价值也逐渐提高。

"一件艺术品的美,不仅是它呈现给世人的一面,精雕细琢的过程也蕴含了许多对美的理解和感受。"经常来这里做紫砂壶的一名艺术工作者表示,在制作的过程中,感觉到自己好像在跟内心中真正的自己交流,当做好一件作品时,内心都会涌

宜兴紫砂工艺在唐闸古镇焕发光彩

具有唐闸古镇元素的陶艺制品

出莫名的喜悦感。

柔软细腻的紫砂泥在手中慢慢成型。在专业老师的指导下,你还可以在壶身刻上自己的名字或者喜爱的图案。整个制作过程精致而美好。

在店内二楼的陶艺体验区域,时常有"亲子档"专门从市区过来体验陶艺的制作。"经常陪孩子来做陶艺,对亲子间的交流有非常好的帮助,也可以培养孩子的动手能力和对艺术的感知力。"一名家长这样总结。

店主周斌介绍:"唐闸镇上整体的环境比较好,人文艺术氛围也很浓厚。这是吸引我们过来的最主要原因。制作紫砂壶和陶器的材料全是从宜兴带过来的。做这一行,心态要平静、放松。"

看看店里的紫砂器具,果然有些妙品。比如,一只青蛙莲子壶,壶身以莲花为造型,莲藕为壶把,荷叶为壶嘴,壶盖是青蛙造型和一串莲子。店主说,制作这个紫砂壶大约用了一周的时间;因为烧制的温度不同,紫砂壶最后呈现的颜色才会这样丰富。店主介绍:"店内有刻有张謇、唐闸古镇图案的茶杯等陶艺制品。我们想把南通唐闸本土的文化融入紫砂创作之中,为紫砂爱好者提供健康、优美又富有文化气息的紫砂器具。"

尚书院，
最美书店里展现阅读之魅

在唐闸古镇，汤家巷口，有一座书屋枕河而居。

它有个古色古香的名字——尚书院。

在 2020 年 7 月最新发布的 2020 年"江苏最美书店"的榜单中，唐闸尚书院成为南通唯一的上榜书店。

"江苏最美书店"评选活动由江苏省新闻出版局主办，江苏省出版物发行业协会承办。每年选出的 10 家最美书店，都是实体书店中的标杆和典范。唐闸尚书院位于流淌千年的通扬古运河畔，不单是一个图书卖场，更是一个复合型文化空间，集茶室、文创店、咖啡厅、图书馆、手工坊、私人书房、文化讲堂等于一体。

自栖居唐闸两年来，尚书院逐渐成为当地较有影响力的文化地标和游览唐闸的网红"打卡地"。

"崇礼尚文、开启明智、以礼规志、以德修身"是尚书院的核心理念。尚即"尊崇"的意思，尚书即所推崇的书。这里古色古香的典雅气息让置身其中的人有恍若隔世之感，只想远离喧嚣，"偷得浮生半日闲"。

尚书院前就是通扬古运河，院后是有百年历史的南通市第二中学和唐闸公园。尚书院由 8 幢独立的具有民国风情的青砖小瓦房组成，占地面积达 800 多平方米，营业面积达 520 平方米。

院内随风摇曳的紫竹和凤尾竹、沁人心脾的米兰、沿墙而上的蔷薇及随处可见的玲珑多肉植物，无不让人留恋驻足。90多岁的香樟常年茂密，冠如华盖，给书院带来一份钟灵毓秀之美。

尚书院前院沿街门面为综合售卖厅、咖啡厅。南侧三间厢房为多功能阅读活动厅。活动厅内安装了4台可上网电脑，阅读厅内则含"图书漂流"等项目。"带一本书来，换一本书走"的"图书漂流"项目，让闲置图书能在爱书人之间流转，做到了资源利用最大化。

院中正房为古筝室、画室及多功能视听室。后院为特色书房，设有摄影书房、字画书房、健康养生书房等，且每间书房配置了相应的图书。两层小楼为创意手工坊及国学馆。书院布局雅致，细节设计无不突显人文关怀。

整个书院120多平方米的免费阅读空间、轻柔舒缓的音乐、沿墙至顶的书橱、宽敞明亮的阳光书房等，让入店的读者一下就沉淀下心情，进入了书的海洋。《风情唐闸》《追梦港闸》《寻味南通》……想找一册本地特色鲜明的文旅口袋书，到尚书院就算找对地方了。

这里既是书店，又是茶社，还是文化大讲堂、美食手作体验馆……几乎所有走进尚书院的人，都有一种找到灵魂栖息地的感觉。在这方诗意空间里，你可以安静地看书，休闲地会友，任性地发呆，热闹地聚会，悠闲地品茗，还可以举行文化沙龙、读书会、书画雅集、茶艺展示、小型聚会等活动，无拘无束，自由自在。

把阅读、学习、生活、休闲、养生、美食与文化传承相结合，尚书院创造了更多的可能性，从一开院，就迅速成为唐闸古镇的网红"打卡地"。在尚书院，就连背景音乐都是恰到好处的节奏，不紧不慢，从不干扰客人读书的心情，仿佛一双温柔的手，抚慰着每个读书人的心灵。每本书、每盆花、每件文创作品，都被摆放在最恰当的位置，错落有致，层次分明。温暖的灯光照在它们身上，呈现出一种难以言说的诗意。

在户外玻璃房里看疏雨落篱，在书房里打坐静心，在水疗养生室里放松身心，在国学大讲堂里体验国风盛宴，在尚工坊里感悟手作与心灵的对话……在尚书院，与所有的疲惫与负担说再见吧！让自己沉淀在每一寸散发着诗意的时光中，慢下脚步，沉淀自我。

尚书院的主人陈文元是一个有情怀的大叔。他说，在书院里，慢悠悠地呷一口茶，翻几页闲书，便是人生最大的乐事了。有时，兴致来了，他还会欣然邀请书友前来做客，或朗诵诗歌美文，或弹奏古琴古筝，或谈论古今中外。在尚书院里，各种精神上的愉悦都能找到实现的路径。

在尚书院，丰富多彩的全民阅读活动贯穿全年。尚书院与辖区公园社区、西洋桥社区等长期合作，推出了"我们的节日"等系列阅读推广活动，举办了12场诵读

唐闸尚书院与大生码头隔河相望

经典和民俗主题的活动。

尚书院成立了"南通王维诗友会",聘请中国王维研究会副会长王志清教授为主讲嘉宾,每月开展一次读书品鉴活动,采取讲座、领读、共读、游学等多种形式,为喜爱文学的市民提供一个交流沟通的公益平台;成立尚书院书友会并建立了书友微信群,已举办"我是朗读者""共读一本书""每本书都是最好的遇见""梦想的力量"等12场主题读书会,参与人数超过1500人。

尚书院还成立了非营利性组织"尚书院传统文化研习推广中心",以创新的"学用聊吧"阅读模式,邀请对传统文化颇有研究的专家、学者及爱好者做主题分享。目前,"学用聊吧"已成为尚书院的固定读书活动之一,至今已成功举办了35期。仅2019年,尚书院就先后推出了100场公益读书活动,通过线上分享、"图书漂流"、线下座谈等形式,以润物细无声的方式,悄然营造着本地的阅读氛围。

有空就到尚书院坐坐吧!这里,适合交友,更适合独处。放空自己,远离尘世的纷扰,走进这处心灵的桃花源,让自己的灵魂歇歇脚吧!

唐闸尚书院获评『江苏最美书店』

萧塘古镇被评为江苏省省级夜间文旅消费集聚区,图为西洋桥夜市

西洋桥大排档，烟火气里的夜唐闸

这个夜市真热闹

在港闸,西洋桥没有大洋桥有名,但对于唐闸本地人来说,西洋桥是他们记忆里不可少的一部分。老人们回忆,西洋桥一带是老唐闸的繁华之地,各种生活用品在这里都能买到。

政府在西洋桥附近开辟了一处宝地,作为唐闸"摊点经济"的试点,也作为新民巷美食街区的重要组成部分。这是唐闸民族工业风情小镇的核心项目之一。

虽然这条美食街不长,但还不算拥挤的广场上汇聚着各种各样的美味小吃。每天华灯初上时,各个饭店的霓虹灯招牌都会一一亮起来。热闹的氛围,让所有路过这里的人都会感受到灯红酒绿、目眩神迷的意境。西洋桥美食街内那熙熙攘攘的热闹场面里少不了从四面八方赶来的"老唐闸"。在这里,你能深切地感受到人们对美食的热情。

南通人都爱凑热闹,而唐闸这一带是扎堆的好地方。一个人到店里吃或许少了点气氛,那就大家一起去吃吧。这种热闹场面,大多数人都喜欢。西洋桥夜市上的小吃经济实惠,易携带,且各具特色,龙虾、羊排、烧烤及各种各样的饮料等应有尽有。还有特色冰粉,解腻去火,让你在品尝美食后也能酣畅淋漓。

在这里,你可以边走边吃,随意选择,

只怕你胃口小,装不下这诸多美食。顾客纷至沓来,大排档的大厨们便开始忙碌起来。顿时,各种香味在空气中弥漫、碰撞,令过往的行人禁不住流下口水。大排档都是用简易帐篷或集装箱改建的。无论你在何处就餐,大排档的厨房都设立在显眼之处,让顾客不但能直接感受到食物的鲜美,也能目睹厨师高超的烹调手艺。炒锅里腾起的火焰和随着厨师的翻炒飘散出来的香味将大排档美食诱人的一面展现得淋漓尽致。

大排档并不代表简陋和平凡。每家大排档都有自己的特色。在唐闸,大排档师傅手中的菜肴都是舌尖上的美味,每一道菜都是食物与灵感的激烈碰撞,让你感到妙不可言。

西洋桥夜市开市以来,生意红火,引得一些食客从南通城区赶来。下班以后,约上几个好友,来夜市点上几个特色菜,不仅能满足你的味蕾,还能显得你深知南通市井特色的精髓。

西洋桥夜市吸引了很多唐闸老客,周边的饭店也因此增加了午夜场,延长了营业时间。晚上9点,在夜市对面,以做早餐闻名的东风饭店还有灯光,准备迎接到店的客人,可见人气之旺。

夜市内,除了美食外,还有一些摊贩在售卖商品。各种业态林林总总、不胜枚举。来夜市品美食、选商品,已经成了唐闸人的每日"功课"。

遥想数十年前,在西洋桥道路两侧,十几间店铺,承载了那个年代唐闸的繁华。如今,在现代化的霓虹灯以及电喇叭的加持下,这里更加繁荣,而这繁荣是唐闸市井文化精髓的延续。

来西洋桥夜市吧。在这里,你能真正感受到和白天不一样的唐闸。

吃货乐游西洋桥